D1536770

GUANTANAMO

by Frank Smith

translated by Vanessa Place

Text design by Julian Smith-Newman and Andrew Wessels
Cover design by Les Figues Press
Translation assistant: Lamisse Beydoun
Additional translation asst: Chelsea McNay and Camille Thigpen

ISBN 13: 978-1-934254-53-0
ISBN 10: 1-934254-53-3
Library of Congress Control Number: 2013958199

Les Figues Press thanks its subscribers for their support and reader-
ship. Les Figues Press is a 501c3 organization. Donations are tax-
deductible.

Les Figues would like to acknowledge the following individuals
for their generosity: Lauren Bon, Johanna Blakley and Peter Binkow,
Elena Karina Byrne, Coco Owen, and Nicholas Karavatos.

Les Figues Press titles are available through:
Les Figues Press, http://www.lesfigues.com
Small Press Distribution, http://www.spdbooks.org

Special thanks to: Dorna Khazeni, Chelsea McNay, Crystal Salas,
Julian Smith-Newman, Camille Thigpen, and Emerson Whitney.

Global Poetics Series
GPS-1

Post Office Box 7736
Los Angeles, CA 90007
info@lesfigues.com
www.lesfigues.com

No ideas but in things.
  -William Carlos Williams

*Nous allons vous poser quelques questions
afin de mieux comprendre votre histoire.*

INTRODUCTION

"That we are constantly asked to cooperate, to say what we know, and that this keeps us here, in prison." In clear violation, a lawyer might say, of the principle of habeas corpus, which rules out indefinite detention without charge.[1] There is, however, also an absurdity. The reason for being kept in prison, indefinitely, is for one to speak. *Guantanamo* is a synecdoche for this absurdity; as Frank Smith writes in his author's note to the original French publication, "The members of the tribunals and the detainees speak — there's the point of departure."[2] The tribunals in question are sessions of the CSRT, or Combatant Status Review Tribunals, instituted in 2004 after the U.S. Supreme Court ruled that prisoners held at Guantánamo Bay were to be "allowed some form of tribunal."[3] In 2006 some transcripts of these hearings were released, by order of a judge, to the Associated Press.

Smith appropriates from these transcripts — although, if one compares his text with them, one notices important adaptations.[4] It is as if he is experimenting, in order to discover the right form. We find, for instance, a series within the twenty-nine-section book in which "The man" is a protagonist in a story in which, under the belief that he is traveling from Uzbekistan back to his homeland of Tajikistan, he is taken to Afghanistan, where he is handed over to American forces. Deception is a feature of this tale, as professed helper turns into betrayer. Books by former Guantánamo detainees include similar stories.[5] Other details of what appears to be the same story emerge from sections in which interrogator and prisoner exchange

words. A desire for a narrative free of the coercion of the interrogation, or at least shorn of the outward signs of interrogation, is thus acknowledged. One of Smith's epigraphs, taken from the interrogation in Section II, suggests this desire could bring about questionable elision: "We are going to ask you some questions so we can better understand your story."

But the first of Smith's epigraphs is "No ideas but in things," from William Carlos Williams, which may be taken as a signal that the book before us aligns itself with objective poetry — in which the subjective expressivity understood to typify poetry is eschewed by means of techniques including appropriation. For when we note that alignment, we begin to realize that the signs of interrogation, of which some sections of *Guantanamo* are indeed shorn, constitute a guiding, even governing, concept for the book. Kenneth Goldsmith tells us that, with the conceptualist work, to read is not to so much to read, but to "get the concept."[6] And, for a great deal of *Guantanamo*, the concept grasped is precisely that, in an interrogation, specifically a CSRT interrogation, it is never a question of narrative pure and simple — as if it could ever be — but a set of narrative elements necessary to establish "combatant status."

We could usefully compare Smith's book to one by its translator — Vanessa Place's *Statement of Facts*, which, containing devastating narratives of sex crimes, also schools the reader on the programming of every, or just about every, moment in those narratives, by the court's demand for evidence establishing the elements of the crime: *mens rea* and *actus reus*. In other words, law — or, more precisely, legal writing, since Place appropriates her own appellate briefs — moves according to its own concept, which is what *Statement of Facts*[7] doubles. Similarly, Smith's presentation shows this demand at work: accusation and rebuttal proliferate, leading on occasion to reductio ad absurdum: "It is said that at the time he was captured, the interrogated had a Casio watch, model F-91W, used by Al-Qaeda to make explosives. / The interrogated says that this evidence is surprising. That millions of people around the world wear this kind of Casio watch. That if it is a crime to own one, why not condemn the stores that sell them and the people who buy them? That a watch, that's not a logical or likely piece of evidence." It also

underlines the demand by including some seemingly irrelevant (forensically speaking) thing, which, in terms of the chain of interrogative reasoning, stands out as a non sequitur: "Answer: Sir, I already told you, the ground in Afghanistan is really very bad, nothing really grows. Vegetables don't really grow there."

Perhaps Smith's most decisive adaptation of the appropriated material is his use, in several sections, of the French pronoun *on* — which, depending on the context, can be translated — and this list is far from exhaustive — as *they*, *we*, or, impersonally, as *one*. This decision functions as what conceptual artists and writers call a constraint — a deliberately chosen rule of exclusion and/or inclusion governing the production of an artwork. Lars von Trier's film, *The Five Obstructions* (2003), is an entertaining dramatization of what happens when one artist accepts constraints introduced by another. The constraint may produce nothing particularly interesting — there is no thought-provoking concept to be grasped — although, should things turn out favorably, it produces an unforeseen *problem* for thought, a goad to questioning. At first glance — or at first grasp — one thinks that, perhaps, the *on* in *Guantanamo* is there to denote hearsay — evidence that, because neither party to the interrogation attests to it, cannot be admissible. This would or ought to, as did the CSRT's use of secret evidence in actuality, destabilize the conditions of possibility for properly determining the "combatant" status of the one being interrogated.

What should be fully apparent straight away, but may not be, is that translation is playing a fundamental role. Smith's translation of the "original" documents, because of his adaptations of them, places the very idea of an original in question. Then there is the fact that the interrogations themselves have been mediated by interpreters. This is alluded to only once, and the translation is material: "Translator: Excuse me, could I clarify this? Because yesterday, someone said 'military,' but meant to say 'police' . . . [*The translator determines that this was police training, not military*.]" But where the reader is most struck by the act/fact of translation is with Vanessa Place's rendering of *Guantanamo* into English. No "original" therefore no restoring of a source text (or even an obligation to consult it), so the challenge becomes: How

to translate those sections in which *on* generates maximum instability and ambiguity? Place does not attempt to stabilize or to disambiguate. Instead she introduces a series of conceptualist constraints to govern her rendering of the *on*. In early sections, subjectless verbs have a striking effect: "States [*On dit*] has 'kin' who is a member of a terrorist group responsible for attacks in Uzbekistan. / Answers [*On répond*] no one in the family has any connection with any terrorist group in Uzbekistan to speak of. / States [*On dit*] lived in housing provided by the Taliban and worked as a cook in one of their camps." Who states, and who answers? That can only be ascertained if one assumes that a change of introductory verb also indicates a change of speaker.

The chances of disambiguating the identity of the speaker grow slimmer in later sections of the book, in which *on* is translated as *we* and *they* in ways that begin to strain the attribution of speaker that the reader has made on the basis of an alternation of verbs. Section XII: "We state that they reportedly said [*On dit qu'on aurait déclaré*] that we served as governor of the Narang district while the Taliban was in power. / They respond [*On répond qu'on*] that they did not work for the Taliban government, but for the Karzai government [. . .] // They state that we reportedly said that [*On dit qu'on aurait déclaré que*], during a raid on May 2, 2003, we [*on*] were apprehended in possession of Taliban property [. . .] " Although the principal speakers may still be distinguished according to the verbs, and now also by the alternation of *we* and *they*, the source of the evidence confronting the prisoner is rendered ambiguous as the subject of "reportedly said" is translated as *they*, and then as *we*. A more thoroughgoing destabilization occurs in Section XV: "They ask [*On demande*] if we [*on*] were born in Afghanistan. / They answer [*On répond*] yes. / They ask [*On demande*] if we [*on*] have lived in Afghanistan our entire life. / They answer [*On répond*] we [*on*] have lived in Afghanistan our entire life." The subject of the alternating introductory verbs is now designated by the same pronoun, eliminating the effect of the shifter *we*, which had been orienting the *they*, and the reader begins to question whether the verbs alone can any longer serve to distinguish speakers, and thus sources of statement/question and answer.

Let these be preliminary observations as to how the constraints adopted by Frank Smith — and by Vanessa Place in her translation — generate unforeseen "concepts." Readers will enjoy elaborating on them. I offer my elaboration, by introducing, locally, a variation on a constraint, so that the passage that I quoted at the beginning now reads: "That we are constantly asked to cooperate, to say what they know, and that this keeps us here, in prison."

Mark Sanders
New York City
November 2013

1. For an eloquent statement of this position, see Clive Stafford Smith, *Eight O'Clock Ferry to the Windward Side: Seeking Justice in Guantánamo Bay* (New York: Nation Books, 2007).

2. Frank Smith, *Guantanamo* (Paris: Seuil, 2010), p. 125.

3. Clive Stafford Smith, *Eight O' Clock Ferry*, p. 152.

4. The transcripts, known collectively as Reprocessed Combatant Status Review Tribunal and Administrative Review Board Documents, are publicly available on line at the following US Department of Defense website: *http://www.dod.mil/pubs/foi/operation_and_plans/Detainee/csrt_arb/*.

5. See, for instance, Moazzam Begg, with Victoria Brittain, *Enemy Combatant: My Imprisonment at Guantánamo, Bagram, and Kandahar* (New York: New Press, 2006), and Murat Kurnaz, *Five Years of My Life: An Innocent Man in Guantanamo*, translated by Jefferson Chase (New York: Palgrave MacMillan, 2008).

6. Kenneth Goldsmith, *Uncreative Writing: Managing Language in the Digital Age* (New York: Columbia University Press, 2011), p. 100.

7. Vanessa Place, *Statement of Facts* (Los Angeles: Blanc Press, 2010).

GUANTANAMO

I

On demande si on s'est rendu du Kazakhstan à Kaboul, en Afghanistan, en septembre 2000.

On répond qu'on a oublié, que ça fait deux ans et demi, qu'on ne se souvient plus du mois.

On demande si on est passé par Karachi, Islamabad et Peshawar, au Pakistan, et par Kandahar, en Afghanistan.

On répond que c'est ça, que c'est bien ça.

On demande si on a des liens familiaux avec des terroristes notoires au Pakistan.

On répond en demandant de préciser quel genre de liens.

On reformule la question, on demande si on a des liens de parenté avec des terroristes au Pakistan.

On répond qu'on n'a pas de famille au Pakistan. Comment pourrait-on ?

On dit qu'on a pour « parent » le membre d'un groupe terroriste responsable d'attaques en Ouzbékistan.

On répond que dans la famille personne n'a aucun lien avec quelque groupe terroriste que ce soit en Ouzbékistan.

On dit qu'on a vécu dans un logement fourni par les Talibans et travaillé comme cuisinier dans un de leurs camps.

I

Asks if went from Kazakhstan to Kabul, Afghanistan, in September 2000.

Answers forgets, it's been two and a half years, no longer remembers the month.

Asks if went through Karachi, Islamabad and Peshawar, to Pakistan, and through Kandahar, Afghanistan.

Answers that's it, that's right.

Asks if has family ties with known terrorists in Pakistan.

Answers exactly what kind of ties?

Rephrases the question, asks if any relatives have ties to terrorists in Pakistan.

Answers has no family in Pakistan. How could this be?

States has "kin" who is a member of a terrorist group responsible for attacks in Uzbekistan.

Answers no one in the family has any connection with any terrorist group in Uzbekistan to speak of.

States lived in housing provided by the Taliban and worked as a cook in one of their camps.

Answers already said this during an earlier interrogation, wasn't a cook, was a kitchen gardener, doesn't know how to cook. Since childhood, mother was the one who always made food for the family.

States was captured in December 2001, in Kabul.

On répond qu'on l'a déjà mentionné lors d'un interrogatoire précédent, qu'on n'est pas cuisinier, qu'on s'occupait d'un potager, qu'on ne sait pas cuisiner. Que c'est la mère, depuis l'enfance, qui préparait à manger pour la famille entière.

On dit qu'on a été capturé en décembre 2001, à Kaboul.

On répond que oui, c'était en 2001, mais qu'on ne se souvient pas du mois, que c'était au milieu du Ramadan en 2001.

Answers yes, it was in 2001, but can't remember the month, it was in the middle of Ramadan in 2001.

II

Question : Bonjour.

Réponse : Bonjour.

Question : Nous n'avons pas beaucoup d'informations vous concernant, les seuls renseignements dont nous disposons proviennent du « Procès-Verbal Non Classifié ». Nous allons donc vous poser quelques questions afin de mieux comprendre votre histoire…

Êtes-vous citoyen du Kazakhstan ?

Réponse : Oui.

Question : Pourriez-vous nous dire pourquoi vous avez quitté, avec votre famille, le Kazakhstan pour l'Afghanistan ?

Réponse : Il n'y a pas de travail au Kazakhstan. Gagner sa vie y est difficile.

Question : Vous êtes-vous rendu en Afghanistan avec toute votre famille pour y trouver du travail ?

Réponse : On avait entendu dire qu'en Afghanistan les immigrés y étaient nourris.

Question : Est-ce vrai ? Vous a-t-on nourris et logés, quand vous êtes arrivés en Afghanistan ?

Réponse : Oui.

Question : Comment avez-vous su aller du Kazakhstan jusqu'en Afghanistan ?

Réponse : *On ne répond pas à la question.*

Question : C'est un très long voyage. Comment vous y êtes-vous pris ?

II

Question: Hello.

Answer: Hello.

Question: We don't have very much information about you, the only intelligence we have comes from the "Unclassified Verbal Charges." We are going to ask you some questions so we can better understand your story . . .

Are you a citizen of Kazakhstan?

Answer: Yes.

Question: Can you tell us why you left, you and your family, Kazakhstan for Afghanistan?

Answer: There's no work in Kazakhstan. Earning a living there is hard.

Question: You went to Afghanistan with your entire family to look for work there?

Answer: We heard that in Afghanistan immigrants are given food.

Question: Is that true? Did they give you food and housing when you got to Afghanistan?

Answer: Yes.

Question: How did you know how to go from Kazakhstan to Afghanistan?

Answer: *Does not respond to the question.*

Question: It's a very long trip. How did you do it?

Answer: There was no money. A man named J knew the way. We went with him.

Réponse : On n'avait pas d'argent. Un homme du nom de J. connaissait la route. Nous sommes partis avec lui.

Question : Vous souvenez-vous du temps qu'il vous a fallu pour parvenir jusqu'à Kaboul ?

Réponse : Deux, trois jours à peu près.

Question : Comment vous y êtes-vous rendus ? En avion, en voiture ?

Réponse : Nous avons voyagé du Kazakhstan à Karachi, au Pakistan, en avion. De là, nous avons pris un car jusque Kaboul.

Question : Vous vous êtes donc tous retrouvés dans une maison à Kaboul, et vous vous êtes contenté, vous, de vous occuper d'un potager. Avez-vous eu d'autres activités ?

Réponse : Je veillais sur la maison, rien d'autre.

Question : Toute votre famille vivait dans la même maison ?

Réponse : Les membres de ma famille vivaient dans la maison, oui. J. travaillait comme cuisinier. Les membres de ma famille restaient à la maison, c'est tout.

Question : Vous n'avez pas eu, votre famille et vous, à payer la nourriture ou le logement ?

Réponse : Nous n'avons rien payé. La nourriture et tout le reste étaient fournis. J. se faisait payer par l'État afghan.

Question : Vous a-t-on demandé quoi que ce soit en échange ?

Réponse : Non.

Question : L'État afghan n'a jamais rien exigé de vous en contrepartie ?

Réponse : Non.

Question : Vous avez vécu à Kaboul près d'un an… ou un peu plus longtemps peut-être ?

Réponse : À peu près un an.

Question: Do you remember how long it took you to get to Kabul?

Answer: About two, three days.

Question: How did you travel? By plane, by car?

Answer: We went from Kazakhstan to Karachi, Pakistan, by plane. From there, we took a bus to Kabul.

Question: So you all found a house in Kabul, and you were content, you, to tend a vegetable garden. Did you have other activities?

Answer: I watched over the house, nothing else.

Question: The entire family lived in the same house?

Answer: The members of my family lived in the house, yes. J worked as a cook. The rest of my family stayed at home, that's all.

Question: You didn't have to, your family and you, pay for food or housing?

Answer: We didn't have to pay anything. Food and everything else was provided. J was paid by the state of Afghanistan.

Question: Did anyone ask you to do anything at all in exchange?

Answer: No.

Question: The Afghan state never demanded you do anything in exchange?

Answer: No.

Question: You lived in Kabul almost a year . . . or maybe a little longer?

Answer: About a year.

Question: Did you find the situation in Afghanistan better than in your home country, Kazakhstan?

Answer: It wasn't a hard life. They brought us what we needed, like food for example. Me, I helped with the garden.

Question: When did you realize that Afghanistan was in the middle of a civil war?

Answer: Could you please repeat the question?

Question: When did you finally understand that the country was in the middle of a civil war?

Question : Avez-vous trouvé la situation en Afghanistan meilleure que dans votre pays d'origine, le Kazakhstan ?

Réponse : Ce n'était pas une vie difficile. On nous apportait ce dont nous avions besoin, de la nourriture par exemple. Moi, j'aidais au jardin.

Question : Quand vous êtes-vous rendu compte que l'Afghanistan se trouvait en pleine guerre civile ?

Réponse : Pourriez-vous, s'il vous plaît, répéter la question ?

Question : À quel moment avez-vous fini par comprendre que le pays se trouvait en pleine guerre civile ?

Réponse : Sur la route, on croisait des maisons dévastées, des chars d'assaut . . . On comprenait alors qu'il y avait la guerre.

Question : Avez-vous jamais été menacés par la guerre civile, là où vous viviez avec votre famille ?

Réponse : Non, les maisons n'étaient pas menacées.

Question : Les Talibans vous ont-ils demandé de les assister ?

Réponse : Non.

Question : Les Talibans ont-ils sollicité l'assistance de votre famille ?

Réponse : Non. Ma famille, c'est surtout une femme et des enfants . . .

Question : Il semble assez extraordinaire qu'un État ait pu à ce point se montrer généreux envers vous et votre famille sans rien exiger en échange. Pourriez-vous nous expliquer cela ?

Réponse : *On ne répond pas à la question.*

Question : Que pouvez-vous nous dire des autres accusations portées contre vous, et que vous avez déclarées fausses jusqu'ici ? Que veut signifier l'État américain quand il prétend que vous avez des « liens familiaux » avec des terroristes ?

Réponse : On essaie de me faire porter le chapeau. Alors que tout est faux.

Answer: While on the road, we passed ruined houses, tanks . . . we understood then that there was a war.

Question: Were you ever threatened by the war, where you lived with your family?

Answer: No, the houses weren't threatened.

Question: Did the Taliban ask you to help them?

Answer: No.

Question: Did the Taliban ask for help from your family?

Answer: No. My family is basically a woman and some children . . .

Question: It seems extraordinary that a State would be so generous to you and your family without asking anything in return. Can you explain this?

Answer: *Does not respond to the question.*

Question: What can you tell us about the other charges against you, which you have so far denied? What does it mean when the U.S. government says that you have "family ties" with terrorists?

Answer: They're trying to pin something on me. But it's all lies.

Question: Do you think it's related to some other member of your family?

Answer: We moved to Afghanistan because we're Muslim. We were housed and fed because that is what Islam prescribes.

Question: We're trying to understand why you're being kept here . . . They don't keep someone for over two years for simply growing vegetables. Can you help us understand your situation?

Answer: *Does not respond to the question.*

Question: Can you tell us what, according to you, you're doing here?

Answer: I have been detained because one day I went with my family in search of a better life in Afghanistan. They captured me in an Afghan house. This is the reason I am here.

Question : Pensez-vous que cela concerne un autre membre de votre famille ?

Réponse : Nous nous sommes installés en Afghanistan parce que nous sommes tous musulmans. On nous a nourris et logés parce que c'est ce que préconise la religion musulmane.

Question : Nous essayons de comprendre pourquoi vous êtes retenus ici . . . On n'irait pas jusqu'à détenir quelqu'un plus de deux ans pour une simple question de potager. Pourriez-vous nous aider à comprendre cette situation ?

Réponse : *On ne répond pas à la question.*

Question : Pourriez-vous nous dire ce que, selon vous, vous faites ici ?

Réponse : Je suis détenu ici parce qu'un jour je suis allé avec ma famille chercher une vie meilleure en Afghanistan. On m'a capturé dans cette maison afghane. C'est pour cette raison que je suis là.

Question : Qui vous a capturé à Kaboul ?

Réponse : *On ne répond pas à la question.*

Question : Des Américains ?

Réponse : Ce sont des Afghans qui m'ont capturé. En prison, j'ai entendu dire que ce sont les hommes de M. qui m'ont capturé.

Question : Quand vous avez été capturé, des membres de votre famille se trouvaient-ils également dans la maison ?

Réponse : Il y avait trois autres personnes dans la maison.

Question : Et J. ?

Réponse : Aussi.

Question : S'est-on opposé à l'arrestation ?

Réponse : Je ne sais pas. On m'a capturé chez moi, c'est tout.

Question : Vous n'aviez pas de quoi vous défendre ?

Réponse : Il n'y avait pas d'armes là-bas.

Question : Avez-vous idée de l'endroit où se trouve votre famille maintenant ?

Question: Who captured you in Kabul?

Answer: *Does not respond to question.*

Question: The Americans?

Answer: It was some Afghans who captured me. In prison, I heard it was M's people who caught me.

Question: When you were captured, were members of your family also in the house?

Answer: There were three other people in the house.

Question: And J?

Answer: Him, too.

Question: Did anyone resist arrest?

Answer: I don't know. They caught me at home, that's all.

Question: You didn't have anything to defend yourself with?

Answer: There were no weapons there.

Question: Do you have any idea where the rest of your family could be found now?

Answer: God only knows.

Question: Did you have the chance to receive any kind of training in Afghanistan?

Answer: Training for what?

Question: To do something besides grow vegetables, to help the government perhaps . . .

Answer: Vegetables, that's all I know.

Question: Were you ever asked if you wanted to help with something else?

Answer: No.

Question: What kind of vegetables did you grow in Afghanistan?

Answer: Green peppers, tomatoes, green beans and sweet potatoes.

Réponse : Dieu seul le sait.

Question : Avez-vous eu l'opportunité de recevoir le moindre type d'entraînement en Afghanistan ?

Réponse : D'entraînement à quoi ?

Question : À vous occuper d'autre chose que d'un potager, à aider le gouvernement peut-être . . .

Réponse : Les légumes, c'est tout ce que je connais.

Question : Vous a-t-on jamais demandé si vous vouliez aider à autre chose ?

Réponse : Non.

Question : Quelle sorte de légumes cultiviez-vous en Afghanistan ?

Réponse : Des poivrons verts, des tomates, des haricots verts et des patates.

III

On demande si le jardin était grand ou confiné à une petite arrière-cour.

On répond que le jardin ne servait qu'à nourrir la famille.

On demande si la maison dans laquelle on habitait, n'abritait que la famille proche ou si d'autres personnes y logeaient également.

On répond que non, il n'y avait que la famille.

On dit que, pourtant, quand on a été capturé, d'autres personnes se trouvaient aussi dans la maison outre les membres de la famille. On demande si c'est bien ça.

On ne répond pas à la question.

On dit qu'on a déclaré plus tôt que d'autres personnes ont été arrêtées en même temps que l'interrogé.

On répond qu'on l'a déjà dit en effet, que trois personnes ont été arrêtées dans la maison.

On demande si l'on se trouvait avec ces trois personnes quand on a été arrêté.

On répond que oui.

On demande ce que ces trois personnes faisaient pour gagner leur vie.

On répond qu'elles se contentaient de manger ce que Dieu donnait.

On demande si ces trois personnes vivaient aussi des bonnes grâces de l'État taliban.

III

Asks if the garden was large or kept in a small yard.

Answers the garden only fed the family.

Asks if the house they stayed in was home to just the immediate family or if other people lived there as well.

Answers no, just the family.

States, however, when captured, other people were also found in the house who were not members of the family. Asks if that's right.

Does not respond to the question.

States said earlier that other people were arrested at the same time.

Answers in fact said earlier there were three people who were arrested in the house.

Asks if was with these three people when arrested.

Answers yes.

Asks how these three people earned a living.

Answers they were content to eat what God provided.

Asks if these three people also lived off the good graces of the Taliban government.

Does not respond to the question.

Asks if knows whether these three people also received military training in Afghanistan.

Answers J served as a cook for the back-up forces; A came from Pakistan to study Islam; and M also came to Kabul from Pakistan.

On ne répond pas à la question.

On demande si l'on sait si ces trois personnes ont elles aussi reçu un entraînement militaire en Afghanistan.

On répond que J. servait de cuisinier aux troupes de renfort, que A. avait fait le voyage du Pakistan pour étudier l'Islam, et que M. était venu lui aussi à Kaboul du Pakistan.

On demande si ces hommes ont reçu un entraînement militaire des Talibans.

On répond que l'on ne sait pas.

On demande si l'on a reçu un entraînement militaire des Talibans ou d'Al-Qaïda durant le séjour en Afghanistan.

On répond que non.

On demande si l'on cultivait aussi le pavot dans le potager.

On répond que l'on ne sait pas ce que c'est, le pavot.

On dit que c'est une fleur.

On demande si c'est comme une espèce de drogue.

On dit que oui, l'opium.

On répond que non, pourquoi ferait-on pousser ça ?

On dit que ça se fait beaucoup en Afghanistan, et que ça peut rapporter gros à ce qu'on sait. On demande si le jardin ne servait donc qu'aux besoins de la famille, si l'on ne fournissait de légumes à personne d'autre.

On répond que la terre d'Afghanistan n'est pas bonne à cultiver, que les légumes y poussent mal.

Asks if these men received military training from the Taliban.

Answers doesn't know.

Asks if received military training from the Taliban or Al Qaeda while in Afghanistan.

Answers no.

Asks if also grew poppies in your vegetable garden.

Answers does not know what that is, a poppy.

Says it is a flower.

Asks if it is like a kind of drug.

Says yes, like opium.

Answers no, why would I grow that?

Says it's very popular in Afghanistan, and they say it pays well, as far as we know. Asks if the garden only provided for the family, or if supplied vegetables to anyone else.

Answers the ground in Afghanistan is not very good for growing things, vegetables don't do well there.

IV

Question : Vous n'arriviez pas à vendre assez de légumes pour vous faire de l'argent ?

Réponse : *On ne répond pas à la question.*

Question : Il nous semble assez extraordinaire que vous ayez pu rester plus d'un an en Afghanistan sans argent ni revenu. Pourriez-vous nous expliquer cette situation, s'il vous plaît ?

Réponse : *On ne répond pas à la question.*

Question : Si on vous libérait de Guantanamo, où aimeriez-vous aller ?

Réponse : À La Mecque, c'est un lieu musulman. Je sais que c'est une ville sainte.

Question : Nous n'avons plus de question à vous poser, mais nous allons vous laisser une chance supplémentaire de nous aider à comprendre ce qui ne nous semble pas clair . . .

Réponse : *On ne répond pas à la question.*

Question : Y aurait-il d'autres éléments qui puissent nous faire comprendre pourquoi vous êtes détenu ici ?

Réponse : *On ne répond pas à la question.*

Question : Aviez-vous des voisins ?

Réponse : *On ne répond pas à la question.*

Question : N'y avait-il personne dans les environs ?

Réponse : C'était une communauté, et il y avait là, oui, d'autres maisons.

Question : Tous s'occupaient de potagers ?

IV

Question: You could not sell enough vegetables to make some money?

Answer: *Does not respond to the question.*

Question: It seems extraordinary to us that you would be in Afghanistan for over a year without money or income. Can you explain this to us, please?

Answer: *Does not respond to the question.*

Question: If you were freed from Guantanamo, where would you like to go?

Answer: To Mecca, it is a Muslim site. I know that it is a sacred city.

Question: We don't have any more questions for you, but we are going to give you one more chance to help us understand what isn't clear to us . . .

Answer: *Does not respond to the question.*

Question: Are there other facts that would help us understand why you are held here?

Answer: *Does not respond to the question.*

Question: Did you have neighbors?

Answer: *Does not respond to the question.*

Question: Was there anyone else in the area?

Answer: It's a community, and there were, yes, some other houses there.

Question: Did everyone grow vegetables?

Answer: I don't know.

Question: And J, did you give him vegetables?

Réponse : Je ne sais pas.

Question : Et J., vous lui donniez des légumes ?

Réponse : *On ne répond pas à la question.*

Question : Il était cuisinier, il devait bien avoir besoin de légumes . . .

Réponse : *On ne répond pas à la question.*

Question : Pas de réponse ?

Réponse : Monsieur, je vous l'ai dit, la terre d'Afghanistan est vraiment très mauvaise, rien n'y pousse vraiment. Les légumes n'y poussent pas vraiment.

Answer: *Does not respond to the question.*

Question: He was a cook, he would need vegetables…

Answer: *Does not respond to the question.*

Question: No answer?

Answer: Sir, I already told you, the ground in Afghanistan is really very bad, nothing really grows. Vegetables don't really grow there.

V

L'interrogateur déclare que l'on est associé à Al-Qaïda et aux Talibans.

L'interrogé dit que l'on ne connaît pas Al-Qaïda, que l'on n'a aucune relation avec Al-Qaïda. Qu'en ce qui concerne les Talibans, on est allé les voir selon la *fatwa* qui stipule que, s'ils satisfaisaient à ses exigences, on se devait de mener le *djihad* avec eux. Qu'on est allé voir s'ils satisfaisaient aux exigences de la *fatwa*, et que tout figure dans le dossier. Que la *fatwa* a été publiée en arabe dans un journal pakistanais, que le nom du docteur de la loi y était aussi mentionné. Qu'il est saoudien, que tous les détails se trouvent dans le dossier.

L'interrogateur déclare que l'on a été recruté pour le *djihad* dans une mosquée en Arabie Saoudite.

L'interrogé dit que l'on n'a pas été recruté. Que l'on s'est contenté de consulter les coordonnées du *djihad* au Cashmere pour quelqu'un. Que cet homme était un moudjahid.

L'interrogé confirme que tous les détails figurent dans le dossier.

L'interrogateur déclare que l'on a reçu deux semaines d'entraînement au maniement de la Kalachnikov.

24

V

The interrogator says the interrogated is associated with Al Qaeda and the Taliban.

The interrogated doesn't know Al Qaeda, has no connection with Al Qaeda. With regard to the Taliban, just went to see them according to the fatwa which states that if someone satisfies their requirements, they have to do jihad with them. Just went to see if met the fatwa requirements; it's all in the file. The fatwa was published in Arabic in a Pakistani newspaper, the name of the lawyer there was also mentioned. He is Saudi, all the details are in the file.

The interrogator says the interrogated was recruited for jihad in a mosque in Saudi Arabia.

The interrogated says there was no recruitment. Merely checked the coordinates of a jihad in Kashmir for someone else. This man was a mujahid.

The interrogated confirms all the details are in the file.

The interrogator says the interrogated received two weeks of training on the Kalashnikov rifle.

The interrogated says the part about the two weeks is right.

L'interrogé dit que ce qui est précisé concernant les deux semaines d'entraînement est exact.

L'interrogateur déclare qu'en novembre et décembre 2001, on a rencontré des membres d'Al-Qaïda à Tora Bora, en Afghanistan.

L'interrogé dit que c'est pour se rendre au Pakistan qu'on est passé par Tora Bora. Que c'est vrai, on y a rencontré des Arabes, mais qu'on ne savait vraiment pas s'ils étaient Talibans ou d'Al-Qaïda. Que comme ils ne portent pas d'uniforme particulier, chez Al-Qaïda, on n'a pas pu les identifier et donc les éviter.

L'interrogateur déclare qu'un des alias notoires de l'interrogé figure sur une liste de membres capturés d'Al-Qaïda découverte dans le disque dur d'un ordinateur ayant appartenu à un membre éminent de l'organisation terroriste.

L'interrogé dit qu'on ne sait rien de tout cela. Qu'on n'a divulgué son nom à personne. Qu'il n'y avait pas d'électricité sur la ligne de front. Que, quant aux alias, il y a plus d'une personne qui porte le même nom. Que les surnoms de l'interrogé sont A.-G. ou A.-I. L'interrogé demande comment prouver que l'on est cet A.-G. ou cet A.-I. ? L'interrogé dit que David, par exemple, c'est un nom très commun en Occident… Que ce ne serait vrai que s'il y avait une image associée au nom, qu'il faut donc renvoyer la question au propriétaire de l'ordinateur.

L'interrogateur déclare que l'on a participé à des opérations militaires contre la coalition.

L'interrogé dit que c'est vrai, que l'on se trouvait bien sur la ligne de front, mais que l'on ne s'y est pas battu : on était seulement venu voir si les combattants satisfaisaient aux exigences de la *fatwa*.

The interrogator says in November and December 2001, the interrogated met with members of Al Qaeda in Tora Bora, Afghanistan.

The interrogated says in order to get to Pakistan, you have to go through Tora Bora. It's true, there was a meeting with some Arabs, but didn't know if they were Taliban or Al Qaeda. Because Al Qaeda don't wear a special uniform, you couldn't identify them, or avoid them.

The interrogator says one of the interrogated's known aliases was on a list of captured Al Qaeda members found on a computer hard drive belonging to a prominent member of the terrorist organization.

The interrogated doesn't know anything about this. No one gave any name to anyone. There was no electricity on the front line. That in terms of the alias, there is more than one person with that alias. The interrogated's nicknames are A–G or A–I. The interrogated asks how can anyone prove that someone is this A–G or that A–I? The interrogated says David, for example, is a very common name in the West . . . . That this could only be true if there was a picture connected with the name, so the question should therefore be referred back to the owner of the computer.

The interrogator says the interrogated participated in military operations against the coalition.

The interrogated says it's true, the part about being on the front line, but not the part about fighting: we only went to see if the fighters met the requirements of the fatwa.

The interrogator says in Bagram, in Afghanistan, the detainee was given a Kalashnikov to fight on the front line.

The interrogated says a gun was automatically given to everyone on the front line, but it wasn't used. They

L'interrogateur déclare que, à Baghram, en Afghanistan, on a remis à l'interrogé une Kalachnikov pour se battre sur la ligne de front.

L'interrogé dit qu'un fusil était attribué d'office à chacun sur la ligne de front, qu'on ne s'en est pas servi. Qu'on était seulement là pour observer si la *fatwa* était respectée, pas pour se battre. Qu'on a même été transféré aux lignes arrière du front, qu'on n'était pas capable de prendre part aux combats. Qu'en réalité, il n'y a pas eu de combat dans la région pendant qu'on s'y trouvait.

were just there to see if the fatwa was met, not to fight. They were even transferred to the back of the front line, they weren't able to take part in the fighting. In fact, there was no combat in the area while they were there.

VI

Qu'est-ce que c'est, témoigner ? / Quand est-ce que je vais prêter serment ? / C'est le papier qui porte mon accord ou mon consentement ? / C'est celui qui a été fait avec le Représentant Personnel ? / C'est aussi celui du Représentant Personnel ? / Cela ne vous dérange pas ? / Dois-je me lever ?

Je vous dirai bientôt quand il faudra prêter serment. / Oui. / Nous allons l'examiner dans une seconde. / Y a-t-il des informations que vous voudriez présenter ? / Voulez-vous prononcer votre déclaration sous serment ? / Non. / Oui, c'est ce que nous voudrions. / Non, ce n'est pas nécessaire.

VI

What is this, to witness? / When will I take my oath? / Is this the paper that shows my approval or consent? / Is it the one that was done with the Personal Representative? / Is it the same one that's with the Personal Representative? / This doesn't bother you? / Should I rise?

I will tell you soon when the oath is to be taken. / Yes. / We will examine it in a second. / Is there any information that you would like to present? / Would you like to make your statement under oath? / No. / Yes, we would like that. / No, that isn't necessary.

VII

On dit que l'interrogé est associé à Al-Qaïda.

On dit que le nom et le numéro de téléphone de l'interrogé figurent sur une liste de membres d'Al-Qaïda découverte dans un disque dur saisi lors d'un raid de l'organisation terroriste au Pakistan.

L'interrogé dit que ce n'est pas son nom qui se trouve sur cette liste, et que ce n'est pas son numéro de téléphone non plus. Qu'un interrogateur précédent lui a déjà montré une liste d'Al-Qaïda, il y a à peu près un an et demi, une liste de noms. Que les autres noms étaient biffés. Qu'il y a vu inscrit S.A.A. Que c'est ce nom-là qui figurait sur la liste, mais que son nom à lui, c'est M.S.M. Que son numéro de téléphone, c'est le X. Que ce n'est pas ce numéro qui figurait sur la liste. Que l'interrogateur précédent a tout vérifié et certifié, par la grâce d'Allah, que ce n'était pas le nom de l'interrogé.

On dit qu'au moment de sa capture l'interrogé avait en sa possession une montre Casio, modèle F-91W, utilisée par Al-Qaïda pour fabriquer des explosifs.

L'interrogé dit que cet élément de preuve le surprend. Que des millions de gens dans le monde portent ce type de montres Casio. Que si c'est un crime que d'en posséder une, pourquoi ne pas condamner alors les magasins qui les vendent et les gens qui les achètent ?

VII

It is said that the interrogated is associated with Al Qaeda.

It is said that the name and telephone number of the interrogated is included in a list of members of Al Qaeda found on a hard drive seized during a raid of the terrorist organization in Pakistan.

The interrogated says that it's not his name on this list, and this isn't his telephone number either. That a previous interrogator already showed him an Al Qaeda list, about a year and a half ago, a list of names. That the other names were crossed-out. He saw SAA written down. That this was the name on the list, not his name, his name is MSM. That his telephone number is X. That this number was not on the list. That the previous interrogator verified and certified this, by the grace of Allah, that it was not the name of the interrogated.

It is said that at the time he was captured, the interrogated had a Casio watch, model F-91W, used by Al Qaeda to make explosives.

The interrogated says that this evidence is surprising. That millions of people around the world wear this kind of Casio watch. That if it is a crime to own one, why not condemn the stores that sell them and

Qu'une montre, ce n'est pas une pièce à conviction logique ou vraisemblable.

On dit que l'interrogé s'était proposé d'aider les Talibans.

L'interrogé dit que c'est vrai, il s'était proposé d'aider les Talibans . . . comme beaucoup de Saoudiens ont voulu aider un gouvernement légitime. Que comme beaucoup il a émigré pour des raisons humanitaires, par bienfaisance. Qu'une fois arrivé en Afghanistan, il a changé d'avis et voulu retourner en Arabie Saoudite. Qu'il n'était pas venu se battre, ni tuer. Qu'il était venu par bienfaisance, qu'il a quitté l'Arabie Saoudite avant même les problèmes avec l'Amérique.

L'interrogé dit encore que s'il avait su, il ne serait jamais parti de chez lui.

On dit que l'interrogé s'est rendu en Afghanistan pour mener le *djihad* et se battre aux côtés des Talibans à Kaboul, de juin à décembre 2001.

L'interrogé dit qu'il a émigré en Afghanistan pour soutenir les Talibans, non pour se battre à leur côté. Qu'il est dit qu'il a séjourné à Kaboul de juin à décembre 2001 alors qu'en vérité il est resté quatre mois en Afghanistan, pas plus, pas plus de quatre mois. Qu'il a passé moins de deux semaines à Kaboul, ce qui peut être vérifié auprès du gouvernement saoudien, ou par les papiers de voyage.

On dit que l'interrogé a été capturé par des gardes frontières près du Pakistan, puis livré aux autorités américaines à Kandahar.

L'interrogé dit que c'est vrai. Qu'il a voulu se rendre au Pakistan pour retourner ensuite dans son pays. Que, comme il n'avait pas de passeport, il a essayé d'atteindre l'ambassade saoudienne. Qu'il n'y est jamais arrivé, et qu'aujourd'hui il est détenu ici, à Cuba.

the people who buy them? That a watch, that's not a logical or likely piece of evidence.

It is said that the interrogated offered to help the Taliban.

The interrogated says that is true; he did offer to help the Taliban . . . like many Saudis who wanted to help a legitimate government. That like many, he emigrated for humanitarian reasons, through charity. That after arriving in Afghanistan, he changed his mind and wanted to go back to Saudi Arabia. That he had not come to fight or kill. That he came for charity, that he left Saudi Arabia even before the problems with America.

The interrogated says, again, if he had known, he never would have left home.

It is said that the interrogated went to Afghanistan to conduct Jihad and fight alongside the Taliban in Kabul, from June to December 2001.

The interrogated says he immigrated to Afghanistan to support the Taliban, not to fight by their side. That they say he stayed in Kabul from June to December 2001, when in fact he stayed for four months in Afghanistan, no more, no more than four months. That he spent less than two weeks in Kabul, which can be verified with the Saudi government, or through travel documents.

It is said that the interrogated was captured by border guards near Pakistan then brought to the American authorities in Kandahar.

The interrogated says that this is true. He wanted to go to Pakistan then to try to return to his country. That because he had no passport, he tried to reach the Saudi embassy. That he never arrived, and, that to this day, he has been held here, in Cuba.

VIII

On est l'interrogateur, on est l'interrogé. / On pose une question, on répond à la question posée. / On pose une deuxième question, on répond à la deuxième question posée. / On pose une troisième question, on répond à la troisième question posée. / On interroge encore une fois l'interrogé, on répond encore une fois à l'interrogateur. / On pose une question, on ne répond pas à la question. / On interroge l'interrogé, l'interrogé répond à l'interrogateur. / L'interrogateur questionne l'interrogé, on répond à l'interrogateur. / L'interrogateur pose une nouvelle question à l'interrogé, l'interrogé apporte une nouvelle réponse à l'interrogateur. / L'interrogateur pose une nouvelle question à l'interrogé, l'interrogé répond à l'interrogateur par une autre question. / L'interrogateur répond à la question posée par l'interrogé pour permettre à l'interrogé de répondre à la question précédente posée par lui, l'interrogateur. / L'interrogé répond à la question. / On certifie l'exactitude et la véracité des réponses apportées aux questions de l'interrogateur. / On clôt l'interrogatoire.

VIII

We are the interrogator, we are the interrogated. /
We ask a question, we answer the question asked. / We
ask a second question, we answer the second question
asked. / We ask a third question, we answer the third
question asked. / Once again we interrogate the inter-
rogated, once again we answer the interrogator. / We
ask questions, we do not answer questions. / We
interrogate the interrogated, the interrogated an-
swers the interrogator. / The interrogator questions
the interrogated, we answer the interrogator. / The
interrogator asks a new question of the interrogated,
the interrogated gives a new answer to the interroga-
tor. / The interrogator asks a new question of the
interrogated, the interrogated answers the interroga-
tor with another question. / The interrogator answers
the questions asked by the interrogated to permit the
interrogated to answer the previous question asked
by the interrogator. / The interrogated answers the
question. / We certify the accuracy and truthfulness of
the answers to the questions of the interrogator. / We
terminate the interrogation.

IX

Question : Comment avez-vous fait pour vous rendre d'Arabie Saoudite en Afghanistan ?

Réponse : Je suis passé par le Pakistan.

Question : Vous avez obtenu un visa pour le Pakistan ?

Réponse : Non, j'oublie quelque chose . . . excusez-moi. D'Arabie Saoudite, je suis d'abord allé à Dubaï, ensuite des Émirats Arabes Unis au Pakistan, et enfin en Afghanistan.

Question : Et vous avez voyagé avec votre passeport ?

Réponse : Oui.

Question : Vous avez déclaré précédemment ne plus l'avoir en votre possession au moment où vous tentiez de retourner au Pakistan. Que lui est-il arrivé ?

Réponse : Dès que je suis arrivé en Afghanistan, quelqu'un m'a dit, Laissez votre passeport là pour qu'il ne lui arrive rien, pour ne pas le perdre. Vous pourrez le récupérer quand vous voudrez.

Question : Vous souvenez-vous de la personne qui vous a dit ça ?

Réponse : Oui.

Question : Qui était-ce ?

Réponse : S.

Question : Qui est ce S. ? Pourquoi lui avoir confié votre passeport ?

IX

Question: How did you get from Saudi Arabia to Afghanistan?

Answer: I went through Pakistan.

Question: Did you get a visa for Pakistan?

Answer: No, I forgot something . . . pardon me. From Saudi Arabia, first I went to Dubai, then to the United Arab Emirates, then to Pakistan, and then finally to Afghanistan.

Question: And you traveled with your passport?

Answer: Yes.

Question: You said previously you didn't have it with you when you tried to return to Pakistan. What happened to it?

Answer: As soon as I arrived in Afghanistan, someone told me, leave your passport here so nothing happens to it, so you don't lose it. You can get it back whenever you want.

Question: Do you remember the person who told you that?

Answer: Yes.

Question: Who was it?

Answer: S.

Question: Who is this S? Why did you trust him with your passport?

Answer: He is a member of the group that escorted me to Afghanistan. I was taken to a house, in

Réponse : C'est un membre du groupe qui m'a escorté jusqu'en Afghanistan. On m'a emmené dans une maison, à Kandahar. Lui m'a dit que mon passeport y serait en sécurité, parce qu'il pourrait y avoir des problèmes, je pourrais le perdre ou me le faire voler et ne plus être en mesure de revenir. Alors je le lui ai confié.

Question : Qui y avait-il d'autre dans cette maison ?

Réponse : Il y avait quelques Afghans, c'est tout.

Question : Est-ce qu'ils étaient armés ?

Réponse : Non.

Question : Quand vous avez quitté l'Arabie Saoudite par bienfaisance, vous voyagiez avec une organisation ou est-ce que vous étiez seul ?

Réponse : J'étais seul.

Question : Comment avez-vous payé le voyage ?

Réponse : En Arabie Saoudite, je travaillais.

Question : Avez-vous déjà reçu un entraînement militaire ou policier, en Arabie Saoudite ?

Réponse : Oui.

Question : De quel type ?

Réponse : Militaire.

Le traducteur : Excusez-moi, est-ce que je pourrais clarifier ce propos ? Parce qu'hier quelqu'un, en disant « militaire » voulait en fait dire « policier » . . . [Le traducteur détermine qu'il ne s'agit pas d'un entraînement militaire mais policier.]

Question : Quand, en essayant de vous rendre à l'ambassade d'Arabie Saoudite, vous avez été arrêté, étiez-vous seul ou accompagné ?

Réponse : Accompagné.

Question : Connaissiez-vous les gens qui vous accompagnaient ? Si oui, qui étaient-ils ?

Réponse : Quand nous avons atteint la frontière, il y avait des individus pakistanais, ils formaient un grand rassemblement, et ils ont été arrêtés avec moi.

Question : Vous connaissiez des gens, dans ce groupe ?

Kandahar. He told me that my passport would be safe with him, because there could be problems, I could lose it or it could be stolen, and I would not be able to return. So I trusted him with it.

Question: Who else was in the house?

Answer: There were some Afghans, that's all.

Question: Were they armed?

Answer: No.

Question: When you left Saudi Arabia for this charity, did you travel with an organization or were you alone?

Answer: I was alone.

Question: How did you pay for the trip?

Answer: In Saudi Arabia, I was working.

Question: Have you ever received military or police training in Saudi Arabia?

Answer: Yes.

Question: What kind?

Answer: Military.

Translator: Excuse me, could I clarify this? Because yesterday, someone said "military," but meant to say "police" . . . *[The translator determines that this was police training, not military.]*

Question: When, while trying to get to the Saudi Embassy, you were arrested, were you alone or accompanied?

Answer: Accompanied.

Question: Did you know the people who accompanied you? If so, who were they?

Answer: When we reached the border, there were some Pakistani individuals, they formed a large group, and they were arrested with me.

Question: Did you know these people, the people in this group?

Answer: The ones who were with me, they were Pakistanis.

Réponse : Ceux qui étaient avec moi, c'étaient des Pakistanais.

Question : Vous avez dit que votre voyage n'a duré que quatre mois et que vous avez été arrêté en décembre. Vous êtes donc arrivé en septembre . . . Cela vous semble exact ?

Réponse : Je ne connais pas les mois anglais . . .

Question : Bon.

Réponse : Si vous parliez en mois arabes, je pourrais vous répondre . . .

Question : Mais nous ne connaissons pas les mois arabes, ce n'est pas grave. Vous avez dit que vous vous étiez rendu en Afghanistan avant *les* problèmes. De quels problèmes parlez-vous ?

Réponse : De ce qui est arrivé en Amérique.

Question : Très bien.

En Afghanistan, avez-vous été témoin de bombardements ou de combats ?

Réponse : De combats, non.

Question : Vous avez dit que des gens vous ont conduit du Pakistan à une maison à Kandahar. Qui étaient ces gens ?

Réponse : Quand je suis arrivé à l'aéroport de Quetta, des hommes m'ont emmené. Jusqu'à cette maison. Ils étaient deux, ils avaient l'air Afghans.

Question : Comment ont-ils su que vous seriez à l'aéroport ?

Réponse : Le soir de mon arrivée au Pakistan, j'ai logé à l'hôtel. Quelqu'un de l'extérieur, un Arabe, est venu me voir, il m'a demandé quand je comptais me rendre à l'aéroport de Quetta. Il m'a dit, Dès que vous y serez, deux hommes viendront vous chercher, ils vous reconnaîtront. Je ne sais pas comment ils ont fait. Grâce à mes vêtements peut-être, à moins qu'on ne leur ait donné une description. En tout cas, ils sont venus me chercher.

Question : Comment cet homme a-t-il fait pour organiser cette rencontre ? C'est vous qui le lui avez

Question: You said your trip lasted only four months and you were arrested in December. So you arrived in September . . . Does this sound right?

Answer: I do not know the months in English . . .

Question: Okay.

Answer: If you said the months in Arabic, I could answer you . . .

Question: But we don't know the months in Arabic, it doesn't matter. You said that you went to Afghanistan before *the* problems. Which problems are you talking about?

Answer: What happened in America.

Question: Very well.

In Afghanistan, did you witness any bombing or fighting?

Answer: Combat, no.

Question: You said that some people drove you from Pakistan to a house in Kandahar. Who were these people?

Answer: When I landed at the airport in Quetta, some men brought me. To the house. There were two of them, they looked Afghani.

Question: How did they know you would be at the airport?

Answer: The evening I arrived in Pakistan, I stayed at a hotel. Someone from the outside, an Arab, came to see me, he asked me when I was planning to go to the airport in Quetta. He told me, as soon as you get there, two men will find you, they'll recognize you. I don't know how they did it. Thanks to my clothes, maybe, unless someone gave them a description. In any case, they came to get me.

Question: How did this man arrange this meeting? Did you ask him, or did someone else organize the trip?

Answer: No, the man did not arrange my trip. In Saudi Arabia, someone gave me a phone number in Pakistan. I called, and what had to happen, happened.

demandé, ou c'est quelqu'un d'autre qui a organisé le voyage ?

Réponse : Non, cet homme n'a pas organisé mon voyage. En Arabie Saoudite, quelqu'un m'a donné un numéro de téléphone au Pakistan. J'ai appelé, et ce qui devait arriver est arrivé.

Question : Avez-vous reçu un entraînement militaire en Afghanistan ?

Réponse : Non, mais j'ai eu une arme. Quand je suis arrivé à Kaboul, on m'a donné une arme. J'ai eu une arme quatre ou cinq jours.

Question : Pourquoi vous a-t-on confié une arme à Kaboul ?

Réponse : On m'a dit, Voilà, vous en aurez peut-être besoin pour vous protéger. Je ne savais pas si ça allait se révéler exact ou non, on me l'a donnée et à la fin on me l'a reprise en disant, Vous n'avez plus besoin de protection.

Question : Qu'est-ce que vous faisiez à ce moment-là qui exigeait le port d'une arme ?

Réponse : Je ne comprenais rien à ce qui se passait lorsqu'on est arrivés en Afghanistan. Alors quand on m'a donné cette arme, je l'ai gardée.

Question : C'était un AK47 ?

Réponse : Oui, j'ai dit que je connaissais cette arme parce que j'y avais été entraîné en Arabie Saoudite. Je n'ai pas eu à m'en servir parce que je l'ai eue en main très peu de temps, quatre ou cinq jours à peu près.

Question : C'est à Kaboul, dans la maison, qu'on vous a donné l'arme ?

Réponse : Oui, c'est à Kaboul. Oui, c'est ce qu'on appelle une maison.

Question : Étiez-vous plusieurs dans la maison ?
Réponse : Oui.
Question : Les autres étaient-ils armés eux aussi ?
Réponse : Certains l'étaient, d'autres non.
Question : Y avait-il parmi eux des combattants de retour du front ?

Question: Did you get any military training in Afghanistan?

Answer: No, but I got a weapon. When I arrived in Kabul, I was given a weapon. I had a weapon for four or five days.

Question: Why were you entrusted with a weapon in Kabul?

Answer: They told me, here, you may need to protect yourself. I didn't know if this would prove true or not, but they gave it to me, and in the end they took it back, saying, you no longer need protection.

Question: What were you doing at that time that necessitated carrying a weapon?

Answer: I did not understand anything that was going on when we arrived in Afghanistan. So when I was given the weapon, I kept it.

Question: It was an AK-47?

Answer: Yes, I said that I knew this weapon because I had been trained in Saudi Arabia. I did not need to use it because I only had it for a little while, about four or five days.

Question: Was it in Kabul, at the house, that they gave you the weapon?

Answer: Yes, it was in Kabul. Yes, it was what you would call a house.

Question: Were there a few of you in the house?

Answer: Yes.

Question: Were the others armed as well?

Answer: Some were, some weren't.

Question: Were any of them fighters returning from the front?

Answer: They were Pakistanis. I had trouble communicating with them, except those who spoke Arabic. I wasn't able to talk to everybody there.

Question: You were given a weapon when you arrived, or when you were about to leave Afghanistan to return to Saudi Arabia?

Answer: Upon my arrival.

Réponse : Ils étaient Pakistanais. J'avais du mal à communiquer avec eux, sauf avec ceux qui parlaient arabe. Je n'étais pas capable de discuter avec tout le monde.

Question : On vous a confié une arme dès votre arrivée ou bien au moment où vous vous apprêtiez à quitter l'Afghanistan pour rentrer en Arabie Saoudite ?

Réponse : À mon arrivée.

Question : Comment avez-vous quitté l'Afghanistan pour le Pakistan ? Quelle route avez-vous emprunté ?

Réponse : Je ne connaissais pas les routes en Afghanistan étant donné que c'était un pays nouveau pour moi. J'ai dit à l'un de ceux qui m'accompagnaient — au responsable, un Pakistanais — que je voulais retourner au Pakistan pour ensuite rejoindre l'Arabie Saoudite. Mais qu'auparavant, je voulais récupérer mon passeport à Kandahar. Il a dit que c'était impossible, et qu'on irait tous directement au Pakistan. On est donc tous directement allés au Pakistan.

Question : Vous êtes passés par Jalalabad, puis par les montagnes ?

Réponse : Oui.

Question : Par les montagnes de Tora Bora ?

Réponse : J'ai appris des interrogateurs précédents qu'on les appelait les montagnes de Tora Bora, en effet. Mais il s'agissait peut-être d'autres montagnes, je ne sais pas. J'étais guidé par les Pakistanais.

Question : Avez-vous été témoin de combats ou de bombardements en traversant les montagnes de Tora Bora ?

Réponse : Non, je ne saurais pas dire. Ce n'est peut-être pas dans ces montagnes que j'étais, alors je ne sais pas.

Question : Mais vous en avez vus, des combats ou des bombardements, dans les montagnes que vous avez traversées ?

Question: How did you leave from Afghanistan to Pakistan? What road did you take?

Answer: I didn't know the roads that we took in Afghanistan because it was a new country for me. I told one of the people who accompanied me — the person in charge, a Pakistani — that I wanted to return to Pakistan and then go back to Saudi Arabia. But first, I wanted to get my passport in Kandahar. He said that was impossible, and we would all go directly to Pakistan. So we all went directly to Pakistan.

Question: You went through Jalalabad, then through the mountains?

Answer: Yes.

Question: Through the mountains of Tora Bora?

Answer: In fact, I learned from previous interrogators that they were called the mountains of Tora Bora. But maybe they were other mountains, I don't know. I was guided by the Pakistanis.

Question: Did you witness fighting or bombing while crossing the Tora Bora mountains?

Answer: No, I cannot say. Maybe it wasn't those mountains I was in, so I do not know.

Question: But you did see fighting or bombing in the mountains that you crossed?

Answer: Some bombing in Jalalabad, we saw, of course, but it was very far away from us. In the mountains, I saw nothing.

Question: Among the people you were captured with, or those you traveled with, were there any combatants?

Answer: These men just lived with me in the house. I did not know them before Kabul. I do not know if they were combatants.

Question: Were they armed? Did you see them with weapons during your trip?

Answer: Yes, I think so.

Réponse : Des bombardements, à Jalalabad, on en a vus, évidemment, mais ça se passait très loin de nous. Dans les montagnes, je n'ai rien vu.

Question : Parmi les gens avec qui vous avez été capturé, ou parmi ceux avec qui vous avez voyagé, y avait-il des combattants ?

Réponse : Ces hommes cohabitaient avec moi dans la maison. Je ne les connaissais pas avant Kaboul. Je ne sais pas si c'étaient des combattants.

Question : Étaient-ils armés ? Leur avez-vous vu des armes pendant votre voyage ?

Réponse : Oui, je crois.

X

L'homme a passé deux ans dans l'armée ouzbèque.

Quand il a eu fini l'armée,
l'homme a dit à son frère, un homme d'affaires,
qu'il voulait se marier.
Le frère a dit à l'homme qu'il pouvait l'aider,
qu'il lui donnerait six cents dollars
pour se marier
et s'acheter une voiture
à la condition qu'il participe à une mission avec lui.
L'homme a accepté et son frère lui a demandé en
    échange
qu'il l'accompagne au Tadjikistan pour affaire
et y récupérer de l'argent.

L'homme est donc parti avec son frère
vendre des produits de contrebande
mais l'homme s'est fait avoir
car en vérité le frère de l'homme fuyait l'Ouzbékistan.
Le frère a confisqué son passeport à l'homme
pour qu'il n'y retourne pas non plus,
et serve ainsi d'otage au gouvernement.
Le frère de l'homme, a-t-il alors appris, avait déjà
    été emprisonné
pour s'être laissé pousser la barbe
et s'être rendu à la mosquée.

X

The man spent two years in the Uzbek Army.

When he was finished in the army,
the man said to his brother, a businessman,
that he wanted to get married.
The brother told the man that he could help him,
that he would give him six hundred dollars
to get married
and buy a car
provided that he go on a mission with him.
The man accepted and his brother asked in return
that he accompany him to Tajikistan on business
and recoup his money there.

So the man left with his brother
to sell some contraband
but the man was fooled
because actually the brother of the man was fleeing
    Uzbekistan.
The brother took the man's passport
so he could not return either,
and thus serve as a government hostage.
The brother of the man, he then learned, had already
    been imprisoned
for letting his beard grow
and going to the mosque.

En 1999, l'homme a quitté le Tadjikistan
avec près de 200 familles ouzbèques
pour immigrer en Afghanistan.
Un « grand patron » est venu en voiture de Dushanba,
    la capitale,
à Gharum,
où l'homme et deux cents familles ouzbèques vivaient
    alors,
leur faire savoir que le ministre des Affaires Étrangères
    ouzbek
ne les mettrait pas en prison
si tous revenaient en Ouzbékistan.
L'homme, sa femme et sa mère
ainsi que les deux cents familles ont cru le « grand
    patron »,
et donc pris le chemin de l'Ouzbékistan.

Après deux jours de bus,
l'homme, sa femme et sa mère et deux cent familles
    ont atteint
une base militaire russe
en plein désert, près de la frontière.
Un général haut gradé russe les y attendait.
Par bateau puis,
quand il a cessé de fonctionner, par hélicoptère,
on a fait traverser la rivière Amu
aux deux cents familles ouzbèques,
ainsi qu'à l'homme, sa femme et sa mère.

Sa femme, sa mère et lui s'imaginaient toujours
qu'on les emmenait en Ouzbékistan,
mais quand ils eurent atteint l'autre côté de la rivière,
un Tadjik leur a fait savoir qu'ils venaient en fait de
    pénétrer en Afghanistan,
et qu'il allait falloir se débrouiller tout seul,
le Tadjikistan ayant en effet décidé
de se débarrasser de ses immigrés ouzbèks.
Des familles ont tenté de discuter

In 1999, the man left Tajikistan
with almost 200 Uzbek families
to immigrate to Afghanistan.
A "big boss" came by car from Dushanbe, the capital,
to Gharm,
where the man and the two hundred Uzbek families
    were then living,
to let them know that the Uzbek Minister of Foreign
    Affairs
would not put them in prison
if they all returned to Uzbekistan.
The man, his wife, and his mother
as well as the two hundred families, believed the
    "big boss"
and so took the road back to Uzbekistan.

After two days on the bus,
the man, his wife, and his mother, and the two
    hundred families reached
a Russian military base
in the open desert, near the border.
A senior Russian general officer waited for them
    there.
Then, by boat,
when it stopped working, by helicopter,
they crossed the Amu River
the two hundred Uzbek families,
as well as the man, his wife, and his mother.

The man, his wife, and his mother still believed
they were being taken to Uzbekistan
but when they reached the other side of the river,
a Tajik man informed them that they were actually
    entering Afghanistan
and that they would have to fend for themselves,
that Tajikistan had effectively decided
to get rid of its Uzbek immigrants.
Some families attempted to object

parce qu'elles ne voulaient pas être abandonnées là,
mais on les a menacées de mort
si elles n'arrêtaient pas de se plaindre.
L'homme croit qu'ils étaient alors
dans la région d'Ahmed Shah Massoud.

Deux jours plus tard,
à cause de la guerre en Afghanistan,
un homme de Tur Kman
est venu leur conseiller
de s'éloigner de la frontière
pour gagner les villes.

Après deux jours de marche,
l'homme, sa femme, sa mère
ainsi que les deux cents familles
sont arrivés à Tur Kman,
le village le plus proche.
L'homme, sa femme, sa mère et les deux cents familles
y sont restés cinq jours.
Puis des Ouzbeks Afghans les ont emmenés en voiture
jusqu'à Kunduz,
où ils ont profité de leur hospitalité.
Dans le groupe,
un ancien du nom de S. a décidé d'atteindre Mazar-
    e-Charif,
parce que s'y trouvaient soi-disant beaucoup
    d'Ouzbèks.
Arrivés à Mazar-e-Charif, on leur a permis d'habiter
dans les maisons désertées du quartier de Saïd Abad.
Là, on leur a dit qu'il fallait observer certaines règles
— se laisser pousser la barbe,
se rendre à la mosquée cinq fois par jour —
ou alors ils seraient punis.
L'homme a manqué quelques prières du matin
et l'homme a été puni.
S. et l'homme, ils sont entrés en conflit
parce que l'homme refusait d'obéir à ces règles.

54

because they did not want to be abandoned there,
but they were threatened with death
if they did not stop complaining.
The man believes they were then
in the area of Ahmed Shah Massoud.

Two days later,
because of the war in Afghanistan,
a man from Tur Kman
came to advise them
to move away from the border
to get to the cities.

After two days of walking,
the man, his wife, his mother
as well as the two hundred families
arrived at Tur Kman,
the nearest village.
The man, his wife, his mother and the two hundred
    families
stayed there five days.
Then some Afghani Ubzbeks took them by car
to Kunduz,
where they took advantage of their hospitality.
In the group,
an elder named S decided to go to Mazar-e-Sharif
where there were supposedly many Uzbeks.
Arriving in Mazar-e-Sharif, they were allowed to live
in the deserted houses of the Said Abad district.
There, they were told they needed to observe certain
    rules
— To let their beards grow,
to go to the mosque five times a day —
or else they would be punished.
The man missed a few morning prayers
and the man was punished.
S and the man, they got into an argument
because the man refused to obey these rules.

S. a dit à l'homme qu'il devait quitter les lieux
ou bien il serait jeté en prison.

L'homme a quitté sa femme et sa mère
et est allé s'installer à Shebergam,
où vivait une communauté d'Ouzbèks.
Shebergam, c'était le quartier général du général D.,
un chef de guerre Ouzbèko-Afghan
qui se battait contre les Talibans.
A Shebergam, les Ouzbèks ont donné à l'homme
    un peu d'argent
et l'homme a acheté et vendu des moutons
pour gagner sa vie.
L'homme a demandé comment il fallait faire
pour rentrer en Ouzbékistan,
mais ça voulait dire passer par le Turkménistan,
et il lui aurait fallu un passeport.

Un jour,
l'homme a voulu rendre visite à sa femme à Mazar-
    e-Charif,
mais S. a fait irruption
et lui a demandé ce qu'il faisait là.
L'homme a donné de l'argent à sa femme
puis est rentré à Shebergam.
Six mois plus tard,
l'homme a fini par acquérir une maison.
L'homme est retourné chercher sa femme à Mazar-
    e-Charif,
mais tous les immigrés avaient disparu.
L'homme a entendu dire alors
qu'on les avait emmenés à Kaboul.

Après deux mois passés à les chercher,
l'homme a fini par apprendre
qu'on avait envoyé sa femme et sa mère
à Lugar.
L'homme les y a trouvées,

S told the man that he needed to leave the place
or he would be thrown into prison.

The man left his wife and mother
and went to stay in Sheberghan,
where there was an Uzbek community.
Sheberghan was the headquarters of General D,
an Afghani Uzbek warlord
who fought against the Taliban.
In Sheberghan, the Uzbeks gave the man a little
      money
and the man bought and sold sheep
to earn a living.
The man asked what he had to do
to return to Uzbekistan,
but that meant going through Turkmenistan,
and he would have needed his passport.

One day
the man went to visit his wife in Mazar-e-Sharif,
but S broke in
and asked him what he was doing there.
The man gave some money to his wife
then returned to Sheberghan.
Six months later,
the man finally got a house.
The man went back to look for his wife in Mazar-
      e-Sharif
but all the immigrants had disappeared.
The man then heard
that they had been taken to Kabul.

After two months passed trying to find them,
the man finally learned
that his wife and his mother had been sent
to Lugar.
The man found them there,
but at first he was prohibited

mais on lui a d'abord interdit
de pénétrer dans le camp.
On lui a autorisé de rester jusqu'à midi
quand l'homme a expliqué
que sa femme et sa mère y étaient réfugiées.
Quand, à midi,
l'homme n'était toujours pas parti,
S. l'a accusé d'être un espion
et exigé de lui qu'il quitte les lieux avec femme et
      mère.

L'homme, sa femme et sa mère se sont alors dirigés
vers Mazar-e-Charif
qui était entre-temps tombée
sous le contrôle du général D. de l'Alliance du Nord.
Mais sa femme, enceinte de sept mois,
n'a pas pu finir le voyage.

L'homme a laissé femme et mère à Kaboul,
en pensant revenir les chercher
une fois qu'il serait installé à Mazar-e-Charif.
À cause des combats,
l'homme n'est jamais parvenu à Mazar-e-Charif.
L'homme a passé un ou deux mois à l'hôtel
à attendre que cesse la guerre
pour pouvoir poursuivre son voyage.
Puis un des généraux de D. est venu l'interroger.
L'homme lui a dit qu'il voulait voir son chef à Mazar-
     e-Charif,
mais le général lui a répondu
que D. était devenu trop important
et qu'il ne pourrait pas le recevoir,
qu'il avait été nommé à Kaboul.
Le général lui a proposé de rencontrer
le nouveau gouverneur à la place.

L'homme est alors monté dans une voiture militaire,
mais au lieu de prendre la route de Mazar-e-Charif,

from entering the camp.
He was permitted to stay until noon
when the man explained
that his wife and his mother were refugees.
When, at noon,
the man still had not left,
S accused him of being a spy
and demanded he leave the premises with his wife
and mother.

The man, his wife, and his mother then headed
toward Mazar-e-Sharif
which meanwhile had fallen
under the control of General D of the Northern
Alliance.
But his wife, who was seven months pregnant,
could not finish the trip.

The man left his wife and mother in Kabul,
planning to go back to get them
once he was settled in Mazar-e-Sharif.
Because of the fighting,
the man never got to Mazar-e-Sharif.
The man spent a month or two at a hotel
waiting for the war to end
to be able to continue his journey.
Then a general of D's came to interrogate him.
The man said he wanted to see his boss in Mazar-
e-Sharif
but the general told him
that D had become too important
and that he could not receive him,
that he had been appointed to Kabul.
The general proposed that he meet with
the new governor instead.

The man then got into a military car,
but instead of taking the road to Mazar-e-Sharif,

la voiture a filé en direction de la base aérienne de
    Baghram.
Là, des soldats américains ont entouré la voiture.
L'homme a été interrogé,
puis emprisonné.

L'homme n'a pas été relâché depuis, dit-il.

the car sped towards the airbase at Bagram.
There, American soldiers surrounded the car.
The man was questioned,
then imprisoned.

The man has not been released since, he says.

XI

Le Président du Tribunal lit les instructions d'audience. / Le Président du Tribunal propose le serment musulman. / Le Président du Tribunal confirme que deux témoins seront entendus par le Tribunal. / Le Greffier lit les éléments de preuve dans leur intégralité. / Le Représentant Personnel établit chaque pièce non classifiée séparément. / Le Représentant Personnel inclut au dossier les déclarations prononcées lors des interrogatoires précédents.

XI

The presiding judge reads the instructions for the hearing. / The presiding judge offers to give the Muslim oath. / The presiding judge confirms that the tribunal will hear two witnesses. / The clerk reads the items of evidence in their entirety. / The Personal Representative establishes each unclassified piece separately. / The Personal Representative includes statements made in previous interviews in the file.

XII

On dit qu'on aurait déclaré avoir officié comme gouverneur du district de Narang alors que les Talibans étaient au pouvoir.

On répond qu'on n'a pas travaillé pour le gouvernement taliban, mais pour le gouvernement Karzaï, en tant que chef de district de Pashat, pas Narang. Qu'il n'y a pas de district de Narang en Afghanistan, qu'on n'en a jamais entendu parler.

On dit qu'on aurait déclaré que, lors d'un raid mené le 2 mai 2003, on a été appréhendé en possession de biens talibans, de composants d'engins explosifs et d'informations concernant l'existence secrète de postes militaires.

On répond que c'est insensé, qu'on était chef de district pour le gouvernement Karzaï, que jamais on n'aurait posé de problèmes au gouvernement. Que ce n'est pas vrai. Que si on disposait de preuves, si on avait eu tous ces éléments en notre possession lors de la capture, ce serait un autre problème. Qu'on ne ferait jamais ça.

On dit qu'on aurait déclaré avoir fait l'expérience des armes lors du *djihad* russe.

XII

We state that they reportedly said that we served as governor of the Narang district while the Taliban was in power.

They respond that they did not work for the Taliban government, but for the Karzai government, as District Chief of Pashat, not Narang. That there is no Narang district in Afghanistan, that they never heard of it.

They state that we reportedly said that, during a raid on May 2, 2003, we were apprehended in possession of Taliban property, components of explosive devices and information concerning the existence of secret military posts.

We respond that it's crazy, that we were District Manager for the Karzai government, we never would have caused problems for the government. That it's not true. That if there was this evidence, if we had all these things in our possession during our capture, that would be another problem. That we would never do that.

We state that they reportedly said that they had experience with weapons during the Russian Jihad.

They respond that they were not trained to handle weapons, that they are poor, and that they never felt the need.

On répond que l'on n'a pas été entraîné à manier les armes, qu'on est pauvre, et qu'on n'en a jamais ressenti le besoin.

On dit qu'on aurait déclaré avoir pris part aux opérations militaires menées contre la coalition. Un témoin aurait retenu des propos concernant des attaques au lance-roquette contre les forces de la coalition, ainsi que sur des transporteurs de missiles.

On répond que si on a déclaré cela, où ces propos ont-ils été tenus ? Ont-ils été enregistrés ? On répond que l'on a travaillé pour le gouvernement, qu'on l'a toujours soutenu. Que jamais l'on ne serait opposé à son gouvernement.

On dit qu'on aurait reconnu avoir attaqué des forces de la coalition au lance-roquette.

On répond que quand l'Amérique est arrivée, on a tous été très heureux, parce que ça aiderait à vivre en paix et en sécurité. On dit encore que l'on travaillait pour le gouvernement Karzaï, et que l'on a beaucoup de respect pour l'Amérique.

On dit qu'on aurait reconnu avoir fourni des armes aux Talibans.

On répond que ce n'est pas vrai, parce que l'on n'a pas fait la guerre, parce que l'on n'a pas commandé. Que l'on haïssait les Talibans comme on haïssait les Russes. Qu'ils ont volé notre maison, qu'ils ont arrêté un frère à Jalalabad, et qu'ils ont saisi six fusils. Qu'ils nous ont jeté en prison un mois et demi, et que le frère n'a pas été libéré. Que l'on ne soutient pas les Talibans.

They state that we reportedly admitted taking part in military operations against the coalition. A witness remembered information about rocket launcher attacks against the coalition forces, as well as on missile carriers.

We respond that if we said that, then where are these statements? Were they recorded? We respond that we worked for the government, which we have always supported. That we would never have knowingly opposed our government.

We state that they reportedly have acknowledged attacking coalition forces with rocket launchers.

They respond that when the Americans came, they were all very happy, because they were going to help them live in peace and security. They say again that they worked for the Karzai government, and that they have a lot of respect for America.

They say that we reportedly have admitted providing weapons to the Taliban.

We respond that this is not true, because we did not create the war, because we did not call for it. That the Taliban are hated just as much as the Russians. That they stole our home, that they arrested one brother in Jalalabad, and that they seized six rifles. That they threw us in prison for a month and a half, and that the brother has not been released. That we do not support the Taliban.

XIII

L'homme dit qu'il n'a rien à dire
et veut proclamer son innocence.
L'homme n'a rien à faire ici.
Je n'ai rien à faire ici,
dit-il.
L'homme dit
qu'il n'aurait jamais dû être appelé devant ce Tribunal,
qu'il est innocent,
et qu'il ne sait pas pourquoi il se retrouve là.
L'homme prie encore qu'on lui reconnaisse son
      innocence.
L'homme dit avoir des enfants en bas âge,
et avoir toujours voulu soutenir le nouveau
      gouvernement.
En vérité, les Talibans nous opprimaient,
dit l'homme.

L'homme dit encore,
Vous êtes de braves gens, vous respectez les droits
      de l'homme.
Celui qui m'a dénoncé, a volé de l'argent aux
      Américains,
celui qui m'a dénoncé, je crois, est un ami des
      Talibans.
Quand les Américains sont venus chez moi,
ils ont exigé que je m'allonge par terre,

XIII

The man says he has nothing to say
and wants to proclaim his innocence.
The man has no business here.
I have no business here,
he says.
The man says
that he should never have been called before this
    Tribunal,
he is innocent,
and that he does not know why he is here.
The man begs, again, that we recognize his innocence.
The man says he has young children,
and has always wanted to support the new
    government.
To tell the truth, the Taliban oppressed us,
says the man.

The man says again,
you're good people, you respect human rights.
Whoever denounced me also stole money from the
    Americans,
whoever denounced me, I believe, is a friend of the
    Taliban.
When the Americans came to my house,
they ordered me to lay on the ground,
and I obeyed.

et j'ai obtempéré.
Ils m'ont séquestré pendant deux jours
et violemment battu.
Depuis je suis malade,
dit l'homme.

Les Américains m'ont battu si violemment
que j'ai peur de ne plus fonctionner sexuellement.
Au point que je ne sais pas
si je serai encore capable de faire l'amour à ma femme.
Depuis, je suis vraiment très malade,
je ne contrôle plus mon urination
et mets parfois du papier toilette
pour ne pas souiller mon pantalon,
dit-il encore.

L'homme reprend la parole
et dit qu'il ne se plaindra pas
pourvu qu'il y ait de la justice
et de l'honnêteté.
À vous, je ne reproche rien,
et je vous laisse juges, dit-il.
Je dis simplement que je suis très innocent,
dit l'homme enfin.

They isolated me for two days
and beat me severely.
Since then, I am sick
says the man.

The Americans beat me so badly
I'm afraid I no longer function sexually.
To the point that I don't know
if I'm still able to make love to my wife.
Since then, I'm really very sick,
I can't control my urination
and sometimes use toilet paper
so as not to soil my pants,
he says again.

The man resumes speaking
and says he will not complain
as long as there is justice
and honesty.
To you, I assign no blame,
and I'll let you be the judge, he says.
I'm just saying that I am very innocent,
says the man at the end.

XIV

— Bonjour. Nous apprécions votre témoignage, mais il y a plusieurs points que nous voudrions clarifier. Avez-vous toujours été charpentier ?

— Pendant le *djihad* russe, j'étais aussi charpentier.

— La charpenterie était votre source principale de revenus ?

— Oui, parce que j'étais très pauvre, que je ne possédais pas de terres, et que je n'avais pas d'autre métier. Je ne pouvais rien faire d'autre. C'est parce que je travaillais dur que je porte aujourd'hui autant de coupures et de cicatrices.

— Vous avez mentionné que vous étiez chef de district. En quoi consiste le travail d'un chef de district ?

— En fait, c'était tout nouveau. Il n'y avait pas beaucoup de stabilité à l'époque. En tant que chef de district, j'essayais d'apporter la paix et la sécurité aux individus et au district. Je gérais les conflits entre les gens, c'était ça mon travail.

— Puisque ce sont des expériences de combat et de charpenterie que vous avez eues pendant le *djihad* russe, comment se fait-il que vous ayez été nommé au poste de chef de district ?

— En fait, j'avais sollicité un poste de rang supérieur. On tentait de faire réintégrer le roi en Afghanistan. Comme le sheik et Karzaï sont revenus au même moment, j'ai fini par devenir chef de district. Je n'ai

XIV

— Hello. We appreciate your testimony, but there are several points that we would like to clarify. Have you always been a carpenter?

— During the Russian Jihad, I was also a carpenter.

— Carpentry has been your main source of income?

— Yes, because I was very poor, I did not own any land, and did not have another job. I could do nothing else. It's because I've worked hard that today I have so many cuts and scars.

— You mentioned you were the head of a district. What is the job of a district head?

— Actually, it was very new. There was not a lot of stability at the time. As district head, I tried to bring peace and security to the people and to the district. I managed conflicts between people, that was my job.

— Since your experience during the Russian Jihad was only in combat and carpentry, how is it that you were appointed district leader?

— Actually, I asked for a job as senior official. We were trying to reinstate the king in Afghanistan. Because the sheik and Karzai returned at the same time, I ended up becoming district leader. I did not get involved much in Jihad, but my brother did. My brother was martyred during the Jihad.

— We express our condolences about your brother's death.

pas beaucoup participé au *djihad*, mais mon frère oui. Mon frère a été martyrisé pendant le *djihad*.

— Nous vous exprimons nos condoléances pour la mort de votre frère.

— Merci beaucoup.

— Vous avez évoqué un raid sur votre maison . . . S'agissait-il de soldats américains et afghans, ou juste de soldats américains ?

— Je n'ai pas vu de soldats afghans, je ne les ai pas vraiment vus. J'étais loin quand ils m'ont appelé. Ils n'ont pas trouvé d'armes chez moi, ils n'ont pas trouvé d'armes sur moi non plus.

— Alors vous croyez que c'est un de vos ennemis personnels qui vous aurait accusé d'être allié aux Talibans ?

— Je ne suis pas sûr, je ne me connais pas d'ennemi personnel. Je pense que c'est peut-être un Taliban ou un membre du Hezb-e Islami Gulbuddin (HIG)[1]. Ces gens-là, ils ne veillent qu'à leurs propres intérêts. Ils m'auront dénoncé pour dérober de l'argent aux Américains. Je pense que c'est eux.

— J'espère que vous vous rendez compte qu'il est extrêmement surprenant d'entendre que vous étiez membre du gouvernement Karzaï et que des Américains aient pu venir chez vous vous passer à tabac, alors que prétendument vous étiez rangé du côté des États-Unis.

— En vérité, ce n'est pas de la faute de l'Amérique, les Américains ne me connaissaient pas, eux. Quelqu'un m'a dénoncé, a dérobé de l'argent, c'est pour ça qu'on l'a fait et qu'on est en train de me gâcher la vie.

---

1. Parti sunnite dirigé par Gulbuddin Hekmatyar. Cette formation extrémiste prône un islamisme radical et un État islamiste centralisé en refusant catégoriquement la reconnaissance des minorités, notamment chiites. C'est un mouvement pashtoun affilié à la tribu des Ghilzaï. Source : *Commission de Recours des Réfugiés*.

— Thank you very much.

— You mentioned a raid on your home . . . . Was it U.S. and Afghan soldiers, or just American soldiers?

— I did not see any Afghan soldiers, I did not really see them. I was far away when they came. They did not find any weapons in my house, they did not find any weapons on me either.

— So you think it's one of your personal enemies who accused you of being allied with the Taliban?

— I'm not sure, I do not know of any personal enemies. I think it may be a member of the Taliban or a member of Hezb-e-Islami Gulbuddin (HIG).[1] These people, they only look out for their own interests. They would have accused me of stealing money from the Americans. I think it's them.

— I hope you realize that it is extremely surprising to hear that you were a member of the Karzai government and that Americans came to your house to beat you, when you were allegedly siding with the United States.

— Honestly, it is not the Americans' fault, the Americans, they don't know me. Someone accused me, stole some money, that's why they did it and they are ruining my life.

— Have you received a visit from a representative of the Afghan government since you've been here?

— Yes.

— Did he offer to help you?

— When I saw him, I got angry, I ground my teeth and I couldn't control my emotions. He asked me why I had been captured if I was a district leader. I said

1. Sunni party led by Gulbuddin Hekmatyar. This extremist group promotes a radical Islamism and an Islamist state centralized around categorically refusing the recognition of minorities, namely Shiites. It is a Pashtun movement affiliated with the Ghilzai tribe. Source: *Commission for Refugee Appeals.*

— Avez-vous reçu la visite d'un délégué du gouvernement afghan depuis que vous êtes ici ?

— Oui.

— A-t-il proposé de vous aider ?

— Quand je l'ai vu, je me suis fâché, je grinçais les dents et je n'ai pas pu contrôler mes émotions. Il m'a demandé pourquoi j'avais été capturé si j'étais chef de district. J'ai dit que je n'en savais rien, et que je me posais la même question. Puis il m'a dit qu'il resterait quelques jours, et m'a proposé de me transmettre des messages à son retour.

— C'était quand, ça, si vous vous en souvenez ?

— Je ne sais pas, il y a peut-être dix ou quinze jours. J'ai demandé à mon Représentant Personnel de le revoir, mais je n'en ai pas eu l'opportunité.

— Alors c'est une visite récente.

— J'ai vu mon Représentant Personnel il y a quinze jours, mais il n'a pas encore répondu.

— Vous nous avez fait savoir qu'il n'y avait pas de district de Narang. Où se situe Pashat, alors ?

— Pendant le gouvernement de Karzaï, j'étais conseiller à Pashat.

— Mais où est Pashat ?

— Pashat fait partie de la province de Kunar, dans le district de Kunar.

— C'est une ville ou un district ?

— C'est une ville un peu peuplée ; il y a un bazar. En Afghanistan, il y a eu beaucoup de destructions, beaucoup d'endroits ont été dévastés, vous savez.

— Je remarque sur la carte qu'il y a une ville du nom de Narang dans ce district . . .

— Peut-être, mais je jure que je n'en ai jamais entendu parler.

— Est-ce que vous connaissez bien la rivière Kunar ?

— Oui, je connais bien la rivière Kunar.

— Vous y avez vécu longtemps ? Combien de temps avez-vous vécu dans la région de Pashat ?

that I didn't know anything about it, and was asking myself the same question. Then he told me he would stay a few days, and promised to send me messages when he returned.

— When was that, if you remember?

— I do not know, maybe ten or fifteen days ago. I had asked my Personal Representative to see him again, but I haven't had the chance.

— So this is a recent visit.

— I saw my Personal Representative two weeks ago, but he has not yet responded.

— You let us know that there is no Narang district. So where is Pashat then?

— During the Karzai government, I was assigned to Pashat.

— But where is Pashat?

— Pashat is part of the Kunar province, in the district of Kunar.

— Is it a city or district?

— It is a town, with few inhabitants; there is a bazaar. In Afghanistan, there was a lot of destruction, many places have been destroyed, you know.

— I see on the map there is a town called Narang in this district . . .

— Maybe, but I swear I've never heard of it.

— Do you know the Kunar River well?

— Yes, I know the Kunar River well.

— You've been there a long time? How long have you lived in the Pashat region?

— Truthfully, I worked for eight months as chief of the Pashat district. I lived in Nowabad.

— That is how far from Pashat?

— Nowabad, it's very far.

— It is to the northeast, to the southwest?

— It's on the other side of the river.

— Where the sun rises?

— En vérité, j'ai travaillé huit mois comme chef de district à Pashat. Je vivais à Nowabad.

— C'est à quelle distance de Pashat ?

— Nowabad, c'est très loin.

— C'est au nord-est, au sud-ouest ?

— C'est de l'autre côté de la rivière.

— Où le soleil se lève ?

— C'est du côté du soleil levant, oui, mais ma maison est du côté du soleil couchant. Je dirais que c'est au sud.

— Cela faisait donc plusieurs années que vous viviez dans la région. Vous avez été chef de district durant huit mois, mais cela faisait beaucoup plus longtemps que vous habitiez là-bas ?

— Je n'ai pas vécu là-bas ; j'y ai été envoyé par le gouvernement.

— Que pouvez-vous nous dire d'un camp qui se trouve dans la région et qu'on appelle Derunta ?

— Derunta, c'est à Jalalabad. Ce n'est pas à Kunar.

— Que pouvez-vous nous dire du camp de Derunta ?

— Vous voulez parler du *groupe* de Derunta ? Je connais le groupe mais pas le camp.

— Parlez-nous du groupe, alors.

— Ils étaient stationnés là-bas pour l'électricité.

— Avez-vous déjà entendu parler d'un individu connu sous le nom de « Red Eye » dans la région ?

— Non, jamais.

— It's on the side that the sun rises, yes, but my house is on the side where the sun sets. I would say it's on the south.

— So you lived in the area for several years. You were head of the district for eight months, but you lived there for much longer?

— I did not live there; I was sent there by the government.

— What can you tell us about a camp in the area called Derunta?

— Derunta, that's in Jalalabad. It's not in Kunar.

— What can you tell us about the camp of Derunta?

— You mean the *group* of Derunta? I know the group but not the camp.

— Tell us about the group, then.

— They were stationed there for the electricity.

— Have you ever heard of an individual known as "Red Eye" in the region?

— No, never.

XV

On demande si on est né en Afghanistan.

On répond que oui.

On demande si on a vécu en Afghanistan toute la vie.

On répond qu'on a vécu en Afghanistan toute la vie. Que quand les Russes sont arrivés, on est parfois allé vivre au camp de réfugiés de Baichina.

On demande, quand les Talibans ont pris le contrôle de l'Afghanistan, quelles étaient nos sources de revenus, comment gagnait-on sa vie.

On répond qu'on était charpentier. Que les Américains ont dû noter la présence d'outils de charpenterie quand ils ont pénétré chez nous.

On demande si les Talibans ont tenté de nous recruter, s'ils ont exigé un soutien de quelque manière que ce soit.

On répond qu'on n'était pas assez connu pour que les Talibans nous demandent de les soutenir. Qu'on n'était pas un homme important, mais que quelqu'un l'a indiqué ou cru, et qu'on a été dénoncé aux Américains.

On remarque que le gouvernement Karzaï a bien dû penser qu'on l'était, important, puisqu'on a été engagé comme chef de district, un charpentier.

On répond qu'en fait, on travaillait avec H.J. Que cet H.J. était commandant alors qu'on était chef de

XV

They ask if we were born in Afghanistan.

They answer yes.

They ask if we have lived in Afghanistan our entire life.

They answer we have lived in Afghanistan our entire life. When the Russians arrived, we sometimes went to stay in a refugee camp in Baichina.

They ask, when the Taliban took control of Afghanistan, what were our sources of income, how did we earn a living.

They answer that we were a carpenter. That the Americans must have noted the presence of carpentry tools when they broke into our house.

They ask if the Taliban tried to recruit us, if they required support in any way whatsoever.

They answer that we were not well known enough for the Taliban to ask us to support them. That we were not an important man, but someone said or thought so, and so we were denounced to the Americans.

They remark that the Karzai government must have thought we were important given we were engaged as district chief, a carpenter.

They answer that, actually, we worked with HJ. That this HJ was a commander when we were district chief. That on several occasions, security was threatened, that five council members were assassinated in Pashat. That

district. Qu'à plusieurs reprises, la sécurité avait été menacée, que cinq membres du conseil ont été assassinés à Pashat. Qu'il y avait énormément de voleurs, et qu'on était là pour renforcer la sécurité. Qu'on ne se croyait pas assez fort pour être chef de district, mais qu'on a reçu l'aide de Dieu, et que les gens étaient contents de nous avoir.

On demande pourquoi ne nous a-t-on pas prêté assistance quand on a été arrêté.

On répond qu'on ne sait pas. Que Dieu va venir à notre secours. Que nos enfants sont très jeunes, que du fait de leur bas âge ils auront eu peur de venir nous avertir.

On remarque que ce commandant pour lequel on a travaillé aurait sûrement été averti de l'arrestation d'un de ses chefs de district. Que si on faisait du bon boulot, il aurait dû venir nous aider. On demande pourquoi alors il ne l'a pas fait.

On répond qu'on pense que les Américains n'écoutaient personne, à l'époque. Que les Américains ne s'en tenaient qu'aux rapports officiels. Qu'il y a un homme du nom de R. qui a été capturé, que toute la province a essayé de le faire libérer, qu'on a essayé de payer sa caution, mais qu'il est toujours détenu en prison. Que des gens sont venus de quatre provinces différentes pour nous aider, mais qu'ils n'ont pas été entendus. Qu'on détenait des documents prouvant qu'on travaillait pour le gouvernement. Qu'on les gardait de vers soi, mais qu'on ne sait pas ce qu'on en a fait. Qu'on nous demande tout le temps de coopérer, de dire ce qu'on sait, et qu'on nous maintient ici, en prison.

On demande si on détient des papiers signés de la main de Karzaï qui prouvent qu'on était chef de district.

On dit qu'on travaillait dur et qu'on faisait de son mieux, qu'on a fait tout ce qu'on a pu pour travailler pour le gouvernement. Qu'on avait tous ces

there were a lot of thieves, and that we were there to reinforce security. That we did not feel strong enough to be district leader, but that we received assistance from God, and the people were happy to have us.

They ask why were we not assisted when arrested.

They answer that we do not know. That God will come to our rescue. That our children are very young, that because of their youth they might have been afraid to warn us.

They remark that this commander we worked for would certainly have been warned of the arrest of one of his district chiefs. If we were doing a good job, he would have come to help us. So we ask why he did not.

They answer that we think the Americans didn't listen to anyone, at the time. That the Americans would only stick to the official reports. That there was a man named R who was captured, that the whole province tried to free him, that we tried to bail him out, but that he is still being held in prison. That people came from four different provinces to help us, but that they were not heard. That we had documents proving that we worked for the government. That we kept them on us, but we don't know what we did with them. That we are constantly asked to cooperate, to say what we know, and that this keeps us here, in prison.

They ask if we have papers hand-signed by Karzai that prove we were the head of the district.

They say that we worked hard and did our best, that we did everything we could to work for the government. That we had all these Ministry of Interior documents about becoming the district chief. That we do not know where these documents are today. That Karzai signed our appointment when we were named as district chief, but that these documents were lost in the Ministry of the Interior. That then we got him to sign another document. That this contract should still be in their possession.

documents du ministère de l'Intérieur pour devenir chef de district. Qu'on ne sait pas où sont passés ces documents aujourd'hui. Que Karzaï a signé notre candidature quand on a été nommé chef de district, mais que ces documents ont été perdus au ministère de l'Intérieur. Qu'on a obtenu qu'il signe alors un autre document. Que ce contrat doit toujours être en leur possession.

XVI

On dit qu'on n'a rien à demander ou ajouter,
que Dieu soit bon, qu'il vienne à notre secours.
On dit qu'on est inquiet,
qu'on était membre du gouvernement,
qu'on travaillait pour lui,
qu'on est très perturbé
et qu'on a besoin d'être soigné.
On dit qu'on s'inquiète pour nos enfants,
et qu'on a beaucoup souffert depuis notre arrivée.
On dit qu'à chaque visite,
les services médicaux se contentent
de prescrire un comprimé.
Qu'on voudrait passer une radiographie intégrale
pour diagnostiquer
ce qui ne va pas.
On dit qu'un médecin passe
chaque matin,
mais qu'il se contente de délivrer un seul comprimé,
toujours le même.
On dit qu'on ne parle pas anglais,
mais qu'on lui en parle tous les jours, au médecin,
qu'on lui montre où ça fait mal,
et qu'on souffre de problèmes d'urination.
Que le médecin a l'air de penser qu'on plaisante
et qu'il se met à rire.
On s'excuse,

XVI

We say we have nothing to add or ask,
that God is good, let Him come to our rescue.
We say we are worried,
that we were a member of the government,
that we worked for it,
that we are very upset
and need treatment.
We say we worry for our children,
and we have suffered a lot since our arrival.
We say that at each visit,
the medical personnel are satisfied
just to prescribe a pill.
That we would like a full X-ray
to diagnose
what is wrong.
We say a doctor comes through
each morning
but is satisfied just to provide a single pill,
always the same.
We say we do not speak English,
but we talk about it every day to the doctor,
that we show him where it hurts,
and that we suffer from urinary problems.
The doctor seems to think we are joking
and he laughs.
We apologize,

mais un testicule a été endommagé
quand on a été battu.
On dit que ce qu'il y a de bien,
c'est qu'en procédant à une radiographie intégrale,
on saura exactement ce qui ne va pas.
On dit que depuis qu'on est arrivé
à Cuba,
on souffre terriblement.
Que l'autre jour, des soldats nous ont confisqué
notre stylo.
Qu'on avait pourtant la permission d'avoir
ce stylo
dans la chambre.

but one of our testicles was damaged
when we were beaten.
We say that what would be good,
would be that by doing a full X-ray,
we would know exactly what's wrong.
We say that since we arrived
in Cuba
we have suffered terribly.
That the other day, soldiers confiscated
our pen.
Yet we had permission to have
this pen
in the room.

XVII

On aurait commis ou soutenu des actes de guerre contre les États-Unis et ses partenaires de coalition.

On aurait été capturé dans la province de Khowst en Afghanistan.

On dit que oui, son frère et nous. Qu'on a perdu notre troupeau de chèvre, qu'on se servait d'une paire de jumelles, que le frère a été capturé et que lorsqu'on s'est approché de l'endroit où il était censé se trouver, on a été capturé à notre tour.

On aurait été arrêté à cinq cents mètres du site d'une attaque à l'Engin Explosif Improvisé (EEI) contre une patrouille.

On dit qu'on n'a rien entendu, qu'on n'a rien vu, qu'on n'a rien fait.

On serait un militant anti-coalition notoire. On aurait pris des photographies de soldats des Forces Militaires Afghanes et de personnes des États-Unis qu'on aurait ensuite livrées à une branche d'Al-Qaïda, à Wana, au Pakistan.

On dit qu'on n'est pas contre l'Amérique. Qu'on n'est pas un ennemi. Que d'ailleurs, on n'a jamais pris de photographie.

XVII

We were supposed to have committed or supported acts of war against the United States and its coalition partners.

We were supposed to have been captured in the Khost Province in Afghanistan.

We say, yes, our brother and us. We lost our goat herd, we were using a pair of binoculars, our brother was captured and when we approached the spot where he was supposed to be, we were captured in turn.

We were supposed to have been arrested five hundred meters from the site of an Improvised Explosive Device (IED) attack against a patrol.

We say we did not hear anything, we saw nothing, we did nothing.

We are supposedly a notorious anti-coalition militant. We may have taken photographs of soldiers of the Afghan Armed Forces and of American personnel that were then delivered to a branch of Al Qaeda in Wana, Pakistan.

We say we are not against America. We are not an enemy. Besides, we never took any pictures.

We have been accused of shooting a former soldier of the Afghan Military Forces.

On serait accusé d'avoir tiré sur un ancien soldat des Forces Militaires Afghanes.

On dit que non. Qu'on n'a jamais fait ça.

On serait un membre du Hezb-e Islami Gulbuddin (HIG).

On dit que non. Que ce n'est pas vrai.

On dit que selon le Guide de référence des organisations terroristes du Département de la Sécurité Intérieure des États-Unis, le HIG a des liens de longue date avec Oussama Ben Laden.

On dit que l'on n'en sait rien. Qu'on n'a jamais eu affaire à eux.

On aurait organisé chez soi une rencontre de membres éminents du HIG le 10 décembre 2003, pour préparer une attaque au lance-roquette contre la *Loya Jirga*[1].

On dit que cette allégation est fausse. Que cela n'est jamais arrivé. Qu'on n'a pas de maison, qu'on n'a jamais eu de maison. Qu'on vit sous une tente. Qu'on est kuchi. Que cela veut dire une semaine ici, une semaine là. Qu'on paye pour rester ici ou là. Qu'on n'a pas d'appartement.

En septembre 2003, on aurait activement cherché à faire venir de nouvelles recrues et d'anciens membres du HIG dans la région de Kaboul, en Afghanistan.

On dit qu'on n'a jamais mis les pieds à Kaboul. Qu'on y est allé une seule fois, alors que la mère était à l'hôpital. Qu'on n'est jamais retourné à Kaboul depuis.

---

1. Ce terme provient de la langue pachtoune. Loya signifie « grande », jirga est une « assemblée » ou une « réunion ». La première Loya Jirga s'est réunie en 1747 pour désigner le premier Roi d'Afghanistan, Ahmad Khan Abdali. Cette désignation correspond à la naissance de l'Afghanistan et de l'État afghan.

We say no. We never did that.

We may be a member of Hezb-e-Islami Gulbuddin (HIG).
We say no. That's not true.

We say that according to the Reference Guide to Terrorist Organizations of the United States Department of Homeland Security, HIG has long-standing ties with Osama bin Laden.
We say we know nothing about this. We never dealt with them.

We are supposed to have organized a meeting at our house of prominent members of the HIG on December 10, 2003, to prepare a rocket launch attack against the *Loya Jirga*.[1]
We say this allegation is false. This never happened. We have no home, we never had a home. We live in a tent. We are Kuchi. This means a week here, a week there. We pay to stay here or there. We do not even have an apartment.

In September 2003, we are to have actively sought to bring new recruits and former members of the HIG into the region of Kabul, Afghanistan.
We say we never set foot in Kabul. We only went there once, while our mother was in the hospital. We've never gone back to Kabul since.

---

1. This term comes from the Pashtun language. Loya means "great," jirga is an "assembly" or "meeting." The first Loya Jirga was convened in 1747 to designate the first King of Afghanistan, Ahmad Khan Abdali. This designation refers to the birth of Afghanistan and the Afghan government.

XVIII

L'homme dit, S'il vous plaît, laissez-moi rentrer
    chez moi,
je n'ai jamais été un ennemi de l'Amérique
et ne le serai jamais.
L'homme dit, S'il vous plaît, aidez-moi à rentrer
    chez moi,
mon frère, lui, a été libéré.
Moi, j'ai été emmené jusqu'ici,
et je n'ai rien à y faire,
toutes les allégations proférées contre moi
sont fausses.
On m'a emmené ici, à Cuba, alors que
j'ai affirmé n'avoir rien à voir avec tout ça.
Vous m'inquiétez,
rien n'est plus important pour moi
que de m'occuper du bétail.
Il s'est passé beaucoup de choses, c'est vrai,
on vous en a peut-être beaucoup dit sur moi,
mais tout est faux.

L'homme dit, S'il vous plaît, je demande à être libéré,
je ne suis pas fâché,
je n'ai aucune colère contre vous.
S'il vous plaît,
laissez-moi retrouver mes enfants, ma maison et mes
    obligations.

XVIII

The man says, please, let me go home,
I have never been an enemy of America
and I never will be.
The man says, please, help me go home,
my brother, he was freed.
Me, I was brought all the way here,
and I do not belong here,
all the allegations against me
are false.
I was brought here, to Cuba, although
I swore I had nothing to do with any of this.
You're upsetting me,
nothing is more important to me
than taking care of cattle.
A lot of things happened, it's true,
maybe they told you a lot about me,
but it's all untrue.

The man says, please, I ask to be freed,
I'm not angry,
I have no anger towards you.
Please,
let me go back to my children, my house, and my
    obligations.
I never hurt anybody,
I always worked hard to feed my family.

Je n'ai jamais fait de mal à personne,
j'ai toujours travaillé dur pour nourrir ma famille.

L'arrivée de l'Amérique, pour nous, ça a été un vrai
    bonheur,
dit l'homme encore,
on espérait rebâtir notre pays,
mener de nouveau une vie décente
et trouver du travail pour nourrir nos familles.
Je ne suis jamais entré en conflit avec personne,
je n'ai pas d'ennemi, ici ou au pays,
et je suis très pauvre.

Vous, vous faites comme chez vous,
vous avez le droit de savoir
qui je suis, où je vis,
ce que je fais, ce que je dois faire.
Vous,
vous avez le droit de tout savoir.
Je n'ai jamais travaillé pour le moindre gouvernement,
je n'ai jamais travaillé pour personne.
Ma vie, ça a toujours été de m'occuper d'un bétail,
errant d'une terre à une autre,
et de cette autre terre à une troisième encore,
dit l'homme, enfin.

The arrival of America, for us, was a real blessing,
says the man again,
we hoped to rebuild our country,
to once again lead a decent life
and find work to feed our families.
I never came into conflict with anyone,
I have no enemies, here or at home,
and I am very poor.

You, you make yourself at home,
you have the right to know
who I am, where I live,
what I do, what I should do.
You,
you have the right to know everything.
I never worked for any government,
I never worked for anyone.
My life, it has always been about tending cattle,
wandering from one land to another,
and from the other to a third one again,
says the man, at the end.

XIX

Question : Possédez-vous une arme ?

Réponse : Non, nous avons un très vieux pistolet pour protéger la maison.

Question : Votre maison, c'est une tente, ou bien revenez-vous périodiquement quelque part ?

Réponse : C'est une tente.

Question : Comment vous déplacez-vous d'un endroit à l'autre, comment voyagez-vous ? Disposez-vous d'un véhicule ?

Réponse : Nous nous déplaçons à dos de chameau.

Question : Pourriez-vous nous dire ce que nous auraient rapporté vos témoins s'ils avaient pu venir ? En premier lieu votre frère Q.K., si c'est avec lui que vous avez été arrêté ?

Réponse : Oui, c'est avec lui. Il a été arrêté, puis libéré.

Question : Que nous aurait-il dit concernant votre détention qui puisse aider ce Tribunal ?

Réponse : Il vous aurait dit que je suis un homme pauvre, que je suis kuchi et que je n'ai jamais rien fait de mal de ma vie.

Question : Et votre cousin M. ?

Réponse : Il vous aurait dit la même chose, que je suis un homme pauvre, que je suis kuchi et que je n'ai jamais rien fait de mal de ma vie.

Question : Qui vous a capturé ?

XIX

Question: Do you own a gun?

Answer: No, we have a very old pistol to protect the house.

Question: Your home, is it a tent, or do you periodically go back somewhere else?

Answer: It is a tent.

Question: How do you move from one place to another, how do you travel? Do you have a car?

Answer: We travel by camelback.

Question: Could you tell us what your witnesses would say if they could have come here? First, your brother QK, if it was with him that you were arrested?

Answer: Yes, it was with him. He was arrested, then released.

Question: What would he have told us about your detention that could help the Tribunal?

Answer: He would have told you that I am a poor man, that I'm Kuchi and that I have never done anything wrong in my entire life.

Question: And your cousin M?

Answer: He would have told you the same thing, that I am a poor man, that I'm Kuchi and that I've never done anything wrong in my entire life.

Question: Who captured you?

Answer: Afghan soldiers.

Réponse : Des militaires afghans.

Question : Lorsqu'ils vous ont capturé, étiez-vous armé ?

Réponse : Non.

Question : Est-ce que vous aviez un appareil photo, ou eu accès à quelqu'un qui détenait un appareil photo ?

Réponse : Je ne sais pas ce que c'est, un appareil photo.

Question : Vous dites que votre mode de vie vous fait beaucoup voyager. Combien étiez-vous dans votre groupe de nomades ? Combien êtes-vous, au sein de votre famille ?

Réponse : Une tribu kuchie, c'est beaucoup de monde, mais nous voyageons à deux ou trois familles.

Question : Les témoins que vous avez appelés, voyageaient-ils régulièrement avec vous ? Les croisiez-vous tous les jours ?

Réponse : Oui, nous nous voyions tout le temps.

Question : Vous travailliez à ciel ouvert, est-ce que vous rencontriez beaucoup de forces militaires ?

Réponse : Non, nous ne voyions pas de soldats.

Question : Dans quelle partie de l'Afghanistan voyage votre tribu ?

Réponse : Nous allons à Lugar quand l'herbe y a poussé.

Question : Quelle est la ville la plus proche de Lugar ?

Réponse : Il n'y a là ni ville ni village, il n'y a que la montagne pour faire paître le bétail.

Question : Cette terre est-elle proche de la frontière pakistanaise ?

Réponse : Non, c'est à côté de Kaboul.

Question : Avez-vous jamais été conscrits par les Talibans ?

Réponse : Non, nous n'avons jamais eu affaire avec le monde extérieur. Dans notre tribu, on travaille, c'est tout.

Question : Avez-vous de la famille dans l'armée ?

Réponse : Non, on ne nous a jamais contactés.

Question: When you were captured, were you armed?

Answer: No.

Question: Did you have a camera, or have access to someone who had a camera?

Answer: I do not know what this is, a camera.

Question: You say your lifestyle makes you travel a lot. How many people were in your group of nomads? How many of you are there in your family?

Answer: A Kuchi tribe, it has a lot of people, but we travel in groups of two or three families.

Question: The witnesses that you called, did they travel regularly with you? Did you see them every day?

Answer: Yes, we saw each other all the time.

Question: You worked out in the open, did you meet many military forces?

Answer: No, we did not see any soldiers.

Question: In which part of Afghanistan does your tribe travel?

Answer: We go to Lugar when the grass has grown there.

Question: What is the closest city to Lugar?

Answer: There is no city or town; there are only mountains to graze cattle.

Question: Is this land close to the Pakistani border?

Answer: No, it's close to Kabul.

Question: Have you ever been drafted by the Taliban?

Answer: No, we never had to deal with the outside world. In our tribe, we work, that's all.

Question: Do you have family in the military?

Answer: No, no one ever contacted us.

XX

L'homme dit qu'il est surpris et choqué.
L'homme dit qu'il est vraiment un homme simple
    et pauvre.
Qu'il n'a aucune idée de ce qui s'est passé,
qu'il n'a aucune connaissance de toutes ces choses
qui lui sont reprochées.
L'homme dit qu'il avait perdu cinq chèvres et
    moutons.
Que son frère les cherchait aux jumelles,
et qu'il le cherchait lui
— quand des soldats l'ont capturé.
L'homme dit que c'est lorsqu'il s'est approché
qu'on l'a capturé lui aussi.
L'homme dit que pendant longtemps,
leur attirail n'a pas marché,
que c'est pour cette raison
que lui et son frère ont perdu leur bétail
et leurs chameaux dans le désert.
Que c'est tout ce qu'il a à dire.

XX

The man says that he is surprised and shocked.
The man says that he is really a simple and poor man.
That he has no idea what has happened,
that he has no knowledge of all these things
that he is charged with.
The man says that he lost five goats and sheep.
That his brother was looking for them with binoculars,
and that he was looking for him
— when some soldiers captured him.
The man says that when he got closer
he was captured too.
The man says that for a long time
their gear did not work,
that it is for this reason
that he and his brother lost their cattle
and camels in the desert.
That this is all he has to say.

XXI

Tout d'abord, je ne suis pas Taliban ou membre d'Al-Qaïda. Je nie tout ce qui a été dit. Tout ce que vous avez comme informations me concernant, c'est moi qui vous les ai fournies. D'après ce que je vous ai dit, qu'est-ce qui vous permet de prétendre que je suis Taliban ? Vous pensez que ça intéresse Al-Qaïda, un combattant de 59 ans ? C'est incroyable et insensé. Si vous tirez cette conclusion de ce que j'ai dit vouloir enseigner en Afghanistan, vous devez penser que tous les musulmans sont Talibans ou membres d'Al-Qaïda dès lors qu'ils veulent accomplir leurs devoirs envers Dieu, quels qu'ils soient, qu'il s'agisse d'enseigner le Coran aux enfants, d'aider les pauvres, ou de faire entendre sa religion. Je vous ai dit que j'étais venu en Afghanistan pour enseigner le Coran aux enfants. Partout dans le monde, il y a des musulmans qui quittent leur situation, leurs femmes, leurs enfants, et leurs biens plusieurs années durant pour répondre à l'appel de Allah et obtenir ses récompenses. C'est là notre foi.

Ce qui ressort de tout cela, c'est que je ne suis pas associé à Al-Qaïda ou aux Talibans. Chacun a une tête pour comprendre les choses. Pour la guerre, il faut la force, il faut un homme qui bouge vite, qui puisse soulever et transporter beaucoup de marchandises,

XXI

First of all, I am not a member of the Taliban or Al Qaeda. I deny everything that has been said. Whatever information you have about me, it's me who gave it to you. From what I told you, what makes you imagine that I am Taliban? You think Al Qaeda is interested in a 59-year-old fighter? That's incredible and insane. If this is the conclusion you've drawn from what I said about wanting to teach in Afghanistan, you must think all Muslims are members of the Taliban or Al Qaeda whenever they want to do their duty to God, whoever they are, whether they are teaching children the Quran, helping the poor, or preaching their religion. I told you that I came to Afghanistan to teach the Quran to children. Everywhere in the world, there are Muslims who leave their jobs, their wives, their children, and their property for several years to answer the call of Allah and thereby get their reward. This is our faith.

What stands out in all this is that I am not associated with Al Qaida or the Taliban. Each of us has a head to understand things with. For war, you need force; you need a man who can move fast, who can lift and carry a lot of material, who is also capable of climbing mountains, especially in Afghanistan. Now let me ask you a question: do you think that this describes

qui soit aussi capable de gravir des montagnes, surtout en Afghanistan. Je vais maintenant vous poser une question : pensez-vous que tout cela me convienne ? Moi, un malade de 59 ans, quitter mon pays, ma terre et ma famille pour courir dans la nature et gravir des montagnes ? C'est insensé.

Je ne me souviens pas exactement mais vers la fin du mois de juillet ou au début du mois d'août, je suis parti avec pour seule fin d'enseigner. Je n'étais pas un combattant, j'étais venu enseigner. Huit jours après mon arrivée en Afghanistan, j'ai rencontré un homme : c'est lui qui m'a dit qu'en Afghanistan, on considérait que les Arabes étaient les sbires des Talibans, et que tous les Arabes étaient en danger, qu'il fallait se défendre et apprendre à manier les armes. Quand j'ai entendu ça, j'ai demandé à récupérer mon passeport, parce que j'étais venu pour enseigner, pas pour tuer. J'ai réclamé mon passeport à plusieurs reprises. Je l'ai demandé à Jalalabad, je l'ai demandé à Kandahar, et à Tora Bora je l'ai demandé aussi.

Le détenu a été entraîné au camp d'Al Farouq.
J'ai été entraîné près d'Al Farouq, dans un endroit qu'on appelle « Al Estiqbal ». J'ai vu le camp d'Al Farouq, et toutes les tentes, mais je n'ai pas pu y entrer. Nous avons ensuite quitté le camp pour rentrer à Kandahar.

J'ai accepté d'aller à Al Farouq après avoir réclamé mon passeport. Comme je l'ai déjà dit, je n'étais pas venu tuer mais enseigner. Il y a des ennemis des Talibans là-bas. Ces gens-là considèrent que tous les Arabes en Afghanistan sont les sbires des Talibans. Tous les Arabes y sont en danger. Des choses imprévisibles peuvent arriver, il faut donc apprendre à se défendre. J'y ai passé une semaine au plus. J'ai accepté parce qu'ils avaient saisi mon passeport et mes billets d'avion.

me? Me, a sick man, 59 years old, leave my country, my land and my family to run around in nature and climb mountains? That's insane.

I don't remember exactly but towards the end of July or beginning of August, I left with the sole purpose of teaching. I was not a fighter, I came to teach. Eight days after my arrival in Afghanistan, I met a man: he was the one who told me that in Afghanistan, Arabs were considered henchmen of the Taliban, and that all Arabs were in danger, that you had to defend yourself and learn how to handle weapons. When I heard that, I asked for my passport back, because I came to teach, not to kill. I asked for my passport several times. I asked for it in Jalalabad, I asked for it in Kandahar, and in Tora Bora I asked for it again.

The detainee was trained at the Al Farouq camp.
I was trained near Al Farouq in a place called "Al Estiqbal." I saw the Al Farouq camp, tents and all, but I couldn't enter. We then left the camp to return to Kandahar.

I agreed to go to Al Farouq after asking for my passport. As I said, I did not go to kill but to teach. There are enemies of the Taliban there. These people believe all Arabs in Afghanistan are Taliban thugs. All Arabs are in danger. Unpredictable things can happen, so you need to learn to defend yourself. I spent a week there at most. I agreed to go because they had seized my passport and plane tickets. I never stopped trying to reclaim my passport and plane tickets.

At the Al Farouq training camp, the detainee learned to use the Kalashnikov, the Simonov, and the single shot rifle.
The Simonov and single shot rifle are the same thing, we do not distinguish between them. There were only these two guns there. I've said that a man named S

Je n'ai jamais cessé de réclamer mon passeport et mes billets d'avion.

Au camp d'entraînement d'Al Farouq, le détenu a appris à manier la Kalachnikov, le Siminoff et le fusil à coup unique.

Le Siminoff et le fusil à coup unique, c'est la même chose, on ne les distingue pas. Il n'y avait que ces deux armes-là. J'ai dit qu'un homme du nom de S. venait dans ma tente le matin pour apprendre à me servir de la Kalachnikov et du Siminoff. Il a fait ça une heure par jour pendant 13 ou 14 jours des 20 que j'y ai passé.

Le détenu a été hébergé dans un sanctuaire taliban.

Je n'ai pas été hébergé par les Talibans. J'avais une pièce dans une maison à Kandahar. Comme je l'ai déjà dit, ce n'était pas chez les Talibans, mais dans la ville de Kandahar.

A Kandahar, j'avais une pièce dans une maison. A Jalalabad, quand j'ai commencé à souffrir des pieds, on nous a envoyés dans une autre maison près d'un camp taliban. On y est restés jusqu'à ce qu'un médecin vienne me soigner.

Le détenu a combattu pour les Talibans en Afghanistan.

Ce n'est pas vrai. Je n'ai jamais porté d'arme. Jamais je n'ai tiré sur personne, alors comment aurais-je pu me battre ? Si vous avez des preuves, je suis sûr qu'elles sont fausses.

Le détenu était en Afghanistan pendant la campagne de bombardements des États-Unis.

Oui, parce que je n'ai pas pu partir, parce que je n'avais ni passeport ni billets d'avion.

Si vous examinez mon dossier, vous verrez que je l'ai déjà mentionné à plusieurs reprises. Je n'ai jamais cessé de réclamer mon passeport, mes billets d'avion et

came to my tent in the morning to teach me how to use the Kalashnikov and Simonov. He did this for an hour a day for 13 or 14 days out of the 20 that I was there.

The detainee was housed in a Taliban sanctuary.
I was not housed by the Taliban. I had a room in a house in Kandahar. As I've already said, it was not a Taliban house, but was in the city of Kandahar.

In Kandahar, I had a room in a house. In Jalalabad, when I started to suffer from foot problems, we were sent to another house near a Taliban camp. We stayed there until a doctor came to treat me.

The detainee fought for the Taliban in Afghanistan.
This is not true. I never carried a weapon. I never shot at anyone, so how could I have fought? If you have evidence, I'm sure that it's false.

The detainee was in Afghanistan during the bombing campaign in the United States.
Yes, because I could not leave, because I had no passport or plane tickets.

If you look at my file, you will see that I have already mentioned this several times. I never stopped trying to claim my passport, my plane tickets, and my money. I no longer wanted to teach, I didn't want to do anything. I was promised many things, but nothing was ever repaid. I was told they would send for our passports and that they would be returned to us, but they never did, so I was never able to leave: I did not know anyone in Afghanistan.

The detainee fled to Tora Bora and was captured later.
I went to the Afghans. Rationally, logically, anyone who fights against the Afghans and goes to them voluntarily has a hundred percent chance of being killed. But I was not a fighter, that's why I went to

de l'argent. Je ne voulais plus enseigner, je ne voulais plus rien faire. On m'a beaucoup promis, mais on ne m'a jamais rien rendu. On m'a dit qu'on enverrait chercher nos passeports et qu'on nous les rendrait, mais on ne l'a jamais fait, aussi n'ai-je pas pu partir : je ne connaissais personne en Afghanistan.

Le détenu a fui à Tora Bora et a été capturé par la suite.
Je me suis rendu aux Afghans. Rationnellement, logiquement, qui se bat contre les Afghans et se rend de son plein gré a cent pour cent de chances de se faire tuer. Mais moi, je n'étais pas un combattant, c'est pour ça que je me suis rendu aux Afghans. Ils m'ont détenu un mois avant de me remettre aux Américains. Ils m'ont battu pendant les interrogatoires pour que j'admette que j'étais un combattant. Ça fait deux ans que je dis que je ne suis pas un ennemi des États-Unis ou de qui que ce soit d'autre, et que je ne suis pas un terroriste comme on le prétend. Tout terroriste ou extrémiste se fait connaître dans son pays. C'est d'abord comme ça que les terroristes posent des problèmes, soit qu'ils critiquent le gouvernement, soit qu'ils commettent des actes terroristes, dans leurs pays ou ailleurs. Mais moi je n'ai jamais mis les pieds ne serait-ce que dans un commissariat de police, je n'ai jamais manifesté d'animosité pour personne, de quelque religion qu'on soit. Un homme qui n'a jamais eu de problème avec quiconque ou avec son gouvernement, il est inconcevable que du jour au lendemain il devienne criminel ou terroriste. Si le gouvernement du Yémen n'autorisait pas qu'on puisse se rendre en Afghanistan, ou ailleurs, cela aurait été rendu public ou mentionné sur le passeport.

Ces derniers mots pourraient laisser entendre que j'accuse le gouvernement du Yémen, mais ce n'est pas le cas. Je dis que le Yémen est innocent, parce que s'il était interdit de voyager en Afghanistan, le gouvernement l'aurait déclaré ; il ne l'a pas fait parce que

the Afghans. They detained me for a month before handing me over to the Americans. They beat me during interrogations so I would admit I was a fighter. For two years since then I have said I'm not an enemy of the United States or anyone else, and I'm not a terrorist as alleged. All terrorists or extremists make themselves known in their country. This is primarily how terrorists cause problems, either they criticize the government, or commit terrorist acts, in their countries or somewhere else. But me, I've never even set foot in a police station, I've never expressed any animosity towards anyone, regardless of their religion. A man who has never had a problem with anyone or with the government, it is inconceivable that overnight he would become a criminal or terrorist. If the Yemen government did not authorize us to go to Afghanistan, or anywhere else, it would have been broadcast or noted on the passport.

Those last words might suggest that I am accusing the government of Yemen, but this is not the case. I say that Yemen is innocent, because if traveling to Afghanistan had been prohibited, the government would have announced it; the government did not do so because it was not prohibited. You claimed, at the beginning of the interrogation, that I fled to Tora Bora. But I was in Jalalabad. People said: those who oppose the Taliban should go to Jalalabad. Arabs should go anywhere except Jalalabad. All Arabs opposing the Taliban there would have been killed instantly. So what do you think? Should I have stayed, or tried to escape? They would have killed me if I had stayed, just like any other Arab. So I decided to flee. I did not know where to go. I only knew Arabs, so I went where they went. Only they could help me get my passport back and escape to Pakistan. What emerges from all that has happened so far is that I am not an enemy of the United States or anyone else. I am not a member of Al Qaeda or the Taliban.

cela n'est pas interdit. Vous avez prétendu, au début de l'interrogatoire, que le détenu a fui à Tora Bora. J'étais alors à Jalalabad. On a dit : ceux qui s'opposent aux Talibans devraient aller à Jalalabad. Les Arabes devraient aller n'importe où sauf à Jalalabad. Tout opposant arabe aux Talibans s'y ferait tuer à l'instant. Alors qu'en pensez-vous ? J'aurais dû rester, ou tenter de fuir ? On m'aurait tué si j'étais resté, moi comme n'importe quel autre Arabe. J'ai donc décidé de fuir. Je ne savais pas où aller. Je ne connaissais que des Arabes, alors je suis allé où eux allaient. Eux seuls pouvaient m'aider à récupérer mon passeport et à fuir au Pakistan. Ce qui ressort de tout ce qui est arrivé jusqu'à maintenant, c'est que je ne suis pas un ennemi des États-Unis ni de qui que ce soit. Je ne suis pas membre d'Al-Qaïda ou Taliban.

XXII

Question : Vous nous avez dit qu'une fois arrivé en Afghanistan, vous aviez rencontré un homme prêt à vous apprendre à vous défendre par les armes ?

Réponse : Oui, j'ai rencontré cet homme en Afghanistan. Il ne m'a rien appris. Il s'appelle A.

Question : Savez-vous à qui cet homme était associé ? Aux Talibans ou à Al-Qaïda ?

Réponse : J'ai demandé à le voir quand je suis arrivé. On m'a dit qu'il était au front, à Kaboul. Je ne sais pas ce qui se passait là-bas. Je ne sais pas si lui se battait pour les Talibans ou s'il faisait autre chose.

Question : Vous êtes originaire du Yémen ?

Réponse : Oui.

Question : Pouvez-vous dire au Tribunal comment vous vous êtes rendu du Yémen jusqu'en Afghanistan, et comment vous avez financé votre voyage ?

Réponse : Je vous l'ai déjà dit cent fois pendant les interrogatoires précédents, mais je ne vois pas d'inconvénient à vous répéter mon histoire. J'ai rencontré un homme à la mosquée. Il avait une femme au Yémen. Quelqu'un lui a dit que je n'avais pas de travail régulier au Yémen. Il m'a dit qu'il m'aiderait à trouver un travail convenable en Afghanistan. Il m'a demandé si ça me plairait, et dit que je pourrais lui être utile. J'ai accepté. Je ne m'imaginais pas l'étendue des conflits en Afghanistan, je n'ai jamais eu le moindre

XXII

Question: You've said that once you arrived in Afghanistan, you met a man ready to teach you how to defend yourself with a weapon?

Answer: Yes, I met this man in Afghanistan. He taught me nothing. He is called A.

Question: Do you know who this man was associated with? Taliban or Al Qaeda?

Answer: I asked to see him when I arrived. I was told he was at the front, in Kabul. I do not know what was happening there. I do not know if he was fighting for the Taliban or if he was doing something else.

Question: You are originally from Yemen?

Answer: Yes.

Question: Can you tell the Tribunal how you got from Yemen to Afghanistan, and how you financed your trip?

Answer: I've already told you this a hundred times in prior interrogations, but I don't see any harm repeating my story to you. I met a man at the mosque. He had a wife in Yemen. Someone told him that I did not have any regular work in Yemen. He told me that he would help me find a suitable job in Afghanistan. He asked me if I'd like that, and said I could be useful to him. I accepted his offer. I did not imagine the extent of the conflict in Afghanistan, I've never had the slightest interest in politics. He gave me some money. I went to

intérêt pour la politique. Il m'a donné de l'argent. Je suis allé au bureau des passeports, j'ai obtenu un visa officiel. Je suis allé ensuite à l'aéroport de Sanaa. Vous pouvez vérifier que j'ai voyagé sous le nom que vous avez devant les yeux.

Question : Aviez-vous déjà reçu un entraînement militaire, hors des vingt jours en Afghanistan ?

Réponse : J'ai fait mon service militaire au Yémen. On ne s'entraînait qu'à la Kalachnikov, c'est tout. Vous pouvez le demander à mon pays, c'est tout ce qu'on faisait.

Question : Combien de temps êtes-vous resté dans l'armée ?

Réponse : L'entraînement dure un mois, et le service un an. On fait un an de service après le lycée, puis on travaille comme garde ou agent de circulation au ministère de la Justice ou au ministère de l'Éducation.

Question : En Afghanistan, qui vous a pris votre passeport et vos billets d'avion ?

Réponse : A.

Question : Vous avez précédemment prononcé le nom de S. Qui est-ce ? Est-il membre d'Al-Qaïda ou Taliban ?

Réponse : S. disait qu'il était chargé de l'entraînement au camp d'Al Farouq en Afghanistan. Il y avait beaucoup d'Afghans là-bas. Ce camp est en Afghanistan. Je suis sûr qu'il s'occupait de l'entraînement avec les Afghans.

Question : Vous avez parlé de l'appel de Allah, de quoi s'agit-il ?

Réponse : Partout dans le monde, il y a des musulmans. Ceux dont je vous ai parlé au début, certains disent qu'ils s'appellent la Jamaat al Daawa. Ces gens-là quittent leurs femmes, leurs enfants et leur travail. Certains pour quelques mois, d'autres pour plusieurs années. Vous faites la même chose, vous aussi, quand vous répandez la religion chrétienne par le missionariat. En Inde, au Pakistan, partout . . .

the passport office, I got an official visa. Then I went to the airport in Sanaa. You can verify that I traveled under the same name that you have before you.

Question: Have you ever received military training, outside of the twenty days in Afghanistan?

Answer: I did my military service in Yemen. We only trained on the Kalashnikov, that's all. You can ask my government, this is all we did.

Question: How long did you stay in the army?

Answer: The training lasts a month, and the service, a year. We do one year of service after high school, then work as a guard or traffic officer at the Ministry of Justice or the Ministry of Education.

Question: In Afghanistan, who took your passport and plane tickets?

Answer: A.

Question: Earlier you mentioned someone named S. Who is this? Is he a member of Al Qaeda or the Taliban?

Answer: S said he was in charge of training at the Al Farouq camp in Afghanistan. There were a lot of Afghans there. The camp is in Afghanistan. I'm sure he was in charge of training the Afghans.

Question: You talked about the call of Allah, what is this?

Answer: All over the world, there are Muslims. Those I told you about at the beginning, some say they're called the Jamaat al Dawa. These people leave their wives, their children, and their work. Some for a few months, others for several years. You do the same thing, you too, when you spread the Christian religion using missionaries. In India, Pakistan, everywhere . . . Muslims follow the same practice, they help the poor, Muslims and non-believers, all over the world. We make no distinction between Taliban and non-Taliban. We go to teach all Muslims, whether they are affiliated with the Taliban or not.

Question: Does that include Jihad?

Les musulmans adoptent la même pratique, ils aident les pauvres, musulmans et incroyants, partout dans le monde. On ne fait pas la différence entre Talibans et non-Talibans. On part enseigner à tous les musulmans, qu'ils soient affiliés aux Talibans ou non.

Question : Est-ce que cela comprend le *djihad* ?

Réponse : Non. La Jamaat al Tabligh[1] est tout ce qu'il y a de plus différent du *djihad*. Leur *djihad*, c'est l'appel de Dieu tel que je l'ai décrit. Ils ne mènent pas le *djihad* comme vous vous l'entendez, c'est-à-dire la guerre.

Question : Le *djihad*, pour vous, ça ne veut pas dire la guerre ?

Réponse : Je ne suis pas de ceux qui se battent. Comme je l'ai déjà dit, l'appel de Dieu, ce n'est pas que le *djihad*, ce n'est pas la guerre. Mon devoir, à moi, c'est d'enseigner la religion. Dieu n'exige pas ce qu'on ne peut pas faire. J'avais pour seul devoir celui d'enseigner le Coran, le Livre de Dieu.

Question : Je crois comprendre que vous avez 59 ans ?

Réponse : Oui.

Question : Si vous ne saviez pas vous battre, invitiez-vous les autres à le faire ?

Réponse : Non, je n'ai jamais fait ça.

Question : Pourquoi vous être séparé de votre passeport et de vos billets d'avion ?

Réponse : C'est ce que font les musulmans partout dans le monde. Même en Arabie Saoudite on vous dépossède de votre passeport quand il s'agit de faire affaire.

Question : Qu'est-ce qu'on en fait ?

Réponse : On le garde. On peut avoir un désaccord, certaines personnes ne sont pas honnêtes, elles volent, partent avant d'avoir achevé leur mission. C'est pour cette raison qu'on confisque les passeports.

1. La « Jamaat al Tabligh » ou Société pour la propagation de l'Islam a été créée en 1927 en Inde par Mawlana Muhammad Ilyas. Littéralement, Tabligh Jamaat signifie « l'assemblée de ceux qui transmettent ».

Answer: No. The Jamaat al Tabligh[1] is the exact opposite from Jihad. Their Jihad, it's the call of God as I've described it. They do not lead Jihad as you understand it, that is to say, war.

Question: Jihad, for you, it doesn't mean war?

Answer: I am not one of those who fight. As I already said, the call of God, it is not only Jihad, it is not war. My duty, for me, is to teach religion. God does not demand that which we cannot do. My only duty was to teach the Quran, the Book of God.

Question: I understand that you are 59 years old?

Answer: Yes.

Question: If you didn't know how to fight, did you encourage others to fight?

Answer: No, I've never done that.

Question: Why did you let them take your passport and plane tickets?

Answer: This is what Muslims do all over the world. Even in Saudi Arabia they take your passport from you when you do business.

Question: What do they do with it?

Answer: They keep it. You could have a disagreement, some people are not honest, they steal, leave before completing their mission. It is for this reason that they confiscate passports.

---

1. The "Jamaat al Tabligh" or Society for the Propagation of Islam was founded in 1927 in India by Maulana Muhammad Ilyas. Literally, Tabligh Jamaat means "the assembly of those who transmit."

XXIII

On demande si on a beaucoup voyagé.

On répond que non, qu'on a passé toute la vie au Yémen. Qu'on est allé en Arabie Saoudite il y a plus de trente ans. Qu'on y est resté un an et huit mois, et qu'ensuite on est rentré chez soi. Qu'on est resté au Yémen jusqu'à notre départ pour l'Afghanistan, qu'on n'a pas bougé. Qu'on peut le demander à notre pays ou aux personnes avec qui on vivait alors. Si d'ailleurs on avait quitté le Yémen pendant une longue période, questionne-t-on, est-ce que cela ferait de nous un terroriste ?

On demande combien de temps avait-on prévu de rester en Afghanistan.

On répond quelques années.

On demande si c'était un projet à long terme.

On répond que non.

On demande si on confirme avoir été recruté parce qu'on n'avait pas de travail, si on nous a payé pour aller enseigner en Afghanistan ?

On répond que oui.

On demande si les Arabes avec qui on a fui étaient Talibans.

On demande : fui où ?

On dit : à Tora Bora.

On répond qu'on sait qu'à Jalalabad il y a de nombreux groupes arabes. Qu'il y a même Al-Qaïda.

XXIII

They ask if they traveled a lot.

They answer no, that they spent their entire life in Yemen. That they went to Saudi Arabia over thirty years ago. That they stayed there for a year and eight months, and that then they went home. That they stayed in Yemen until we left for Afghanistan, that we didn't move. That they can ask their government or the people who then lived with them. Furthermore, even if they had left Yemen for a long time, they ask, would that make us a terrorist?

They ask how long they had planned to stay in Afghanistan.

They answer a few years.

They asked if it was a long-term project.

They answer no.

They ask if they can confirm having been recruited because they had no work, if they paid them to go teach in Afghanistan?

They answer yes.

They ask if the Arabs they fled with were Taliban.

They answer: fled where?

They say: to Tora Bora.

They answer that they know there are many Arab groups in Jalalabad. That there was even Al Qaeda. That they swear they did not know Al Qaeda before entering Afghanistan. That in Afghanistan, there are

Qu'on jure qu'on ne connaissait pas Al-Qaïda avant de pénétrer en Afghanistan. Qu'en Afghanistan, il y a des groupes arabes qui ont fui leurs pays, qu'ils s'y sont réfugiés, des Algériens, des Libyens. Que vous vous avez de puissants services secrets, ces choses-là, que vous les connaissez, que vous êtes mieux placés pour les découvrir que nous. Qu'eux disent que les Talibans sont des mécréants, interdisent que l'on se batte pour eux, et considèrent ceux qui le font comme des mécréants. Qu'il y a aussi des Arabes qui viennent et ne font rien du tout, et qui, rentrés chez eux, disent qu'ils ont mené le *djihad* alors que ce n'est pas vrai. On dit que certains ont fui leur pays pour émigrer au Pakistan, en Afghanistan. Que ceux-là n'ont rien à voir avec les Talibans ou Al-Qaïda. Qu'il y en a qui font du travail humanitaire, médecins, journalistes, enseignants, ils sont tous là. Que c'est ce qu'on a appris en Afghanistan, on nous disait untel est médecin, et ainsi de suite, à Jalalabad, on sait qui est où. Que beaucoup n'ont rien à voir avec Al-Qaïda ou les Talibans. Que ce qu'on a appris en Afghanistan, c'est que rien n'est sûr. Que quand on a été livré aux Américains, on a décidé de parler et de dire tout ce qu'on savait, ce qu'on savait non par expérience, mais par ouï-dire.

On demande si les Afghans auxquels on s'est rendu, faisaient partie de l'Alliance du Nord.

On répond que l'on ne sait pas. Qu'on se dirigeait au hasard. Qu'on ne savait pas dans quelle direction on allait parce que on ne connaissait pas la région. Qu'on jure qu'on ne connaît pas l'Afghanistan. Que si on nous avait abandonné quelque part, on n'aurait pas su où aller. Qu'on s'est mis à marcher au hasard et qu'on a rencontré trois hommes. Que l'un était armé, et que les deux autres ne l'étaient pas. Qu'on les a interpellés en arabe, qu'on leur a dit qu'il y avait des morts et des blessés mais qu'ils n'ont pas compris. Qu'ils ont trouvé quelqu'un qui parlait un peu arabe, qu'alors on le lui a dit, et qu'il a répondu qu'on les aiderait.

Arab groups that fled their country, that they have taken refuge there, Algerians, Libyans. That you have powerful secret services, and that these things, that you know them, that you are better situated to discover them than us. That they say that the Taliban are non-believers, forbid fighting for them, and consider those who do also non-believers. That there are also some Arabs who come and do nothing at all, and who, returning home, say they made Jihad when this is not true. They say that some fled their country to immigrate to Pakistan, to Afghanistan. That these people have nothing to do with Taliban or Al Qaeda. That there are those who do humanitarian work, doctors, journalists, teachers, they're all there. That this is what they learned in Afghanistan, we were told so-and-so is a doctor, and so on, in Jalalabad, that they know who is where. That many people have nothing to do with Al Qaeda or the Taliban. That what they learned in Afghanistan is that nothing is certain. That when we were handed over to the Americans, we decided to talk and tell everything we knew, what we knew, not through experience, but by hearsay.

They ask if the Afghans they gave themselves to were part of the Northern Alliance.

They answer that they do not know. That they were going by chance. That they did not know what direction they were going because they did not know the area. They swear they do not know Afghanistan. That if they left us somewhere, we would not know where to go. That they began to walk at random and that they met three men. That one was armed, and that the other two were not. That we called to them in Arabic, that we told them there were dead and wounded, but that they did not understand. That we found someone who spoke a little Arabic, that then we told him, and they said they would help. They told us that they would find some mules to try to help us, they would take us to Pakistan. That we stayed with them, and

Qu'ils nous ont dit qu'ils iraient chercher des mules pour essayer de les aider, qu'ils nous emmèneraient au Pakistan. Qu'on est restés avec eux, et que d'autres Arabes sont alors arrivés. Qu'on s'est rendus et qu'ils nous ont emmenés à Jalalabad.

On demande si ceux qui nous ont emmené à Jalalabad, ce sont eux qui nous ont battu, si on a été bien traité quand on a été livré aux Américains.

On répond que ce ne sont pas eux qui nous ont battu, qu'ils nous ont jeté en prison ; qu'au bout de dix ou onze jours, on nous a dit qu'une délégation du ministère de la Défense était venue de Kaboul. Qu'on nous a emmené là-bas, dans une prison souterraine. Que c'est là qu'ils nous ont interrogé et battu, et aussi là qu'ont été placés les blessés.

On demande si on savait à qui ces hommes étaient affiliés.

On répond qu'on ne se souvient pas. Qu'à Jalalabad, il y avait un homme du nom de H. mais qu'on ne se souvient pas. Qu'à Kaboul, on ne sait pas.

On demande si à Kaboul on a été livré aux Américains.

On répond que ces hommes nous ont livré d'abord aux Pakistanais, puis aux Américains.

that some other Arabs then came. That they gave in and that they took us to Jalalabad.

They ask if those who brought us to Jalalabad, if they are the ones who beat us, if they were well treated when they were handed over to the Americans.

They say that it was not them who beat us, that they threw us in prison; that after ten or eleven days, they told us a delegation from the Ministry of Defense had come to Kabul. That they took us there, to an underground prison. That this is where they interrogated and beat us, and also where they put the wounded.

They ask if they knew who these men were affiliated with.

They answer that they do not remember. That in Jalalabad, there was a man by the name of H but they do not remember. That in Kabul, they do not know.

They ask if it was in Kabul that they were handed over to Americans.

They answer that these men gave us to the Pakistanis first, then to the Americans.

XXIV

Le détenu a soutenu les Talibans et Al-Qaïda.

Le détenu a admis être membre du Mouvement islamique d'Ouzbékistan (MIO).

Détenu : C'est maintenant que je dois répondre ? Je n'ai jamais admis ça, je n'ai jamais rien eu à voir avec ça.

Le MIO figure dans le Guide de référence des organisations terroristes du Département de la Sécurité Intérieure des États-Unis.

Détenu : Je dois répondre ? Oui, j'ai servi dans l'armée ouzbèque ; et je me suis battu contre ce MIO, et contre ces organisations terroristes islamiques. Je suis d'accord : le MIO est une organisation terroriste, mais moi je n'ai rien à voir avec eux. Comme soldat, en Ouzbékistan, je me suis battu contre ces groupes. J'ai prêté serment, j'ai juré, comme soldat, que je me battrais contre ces groupes. J'ai prêté serment.

Le détenu admet avoir fréquenté les camps d'entraînement terroristes du MIO.

Détenu : Non, je n'ai jamais fait ça, ni en Afghanistan, ni au Tadjikistan. Mon entraînement, je l'ai reçu de l'armée nationale ouzbèque, pendant mon service militaire. C'est la loi, en Ouzbékistan.

XXIV

The detainee supported the Taliban and Al Qaeda.

The detainee admitted being a member of the Islamic Movement of Uzbekistan (IMU).

Detainee: Is it now that I have to answer? I never admitted that, I never had anything to do with that.

The IMU is in the Reference Guide to Terrorist Organizations of the United States Department of Homeland Security.

Detainee: I should answer? Yes, I served in the Uzbek Army; and I fought against this IMU, and against these Islamic terrorist organizations. I agree: the IMU is a terrorist organization, but I have nothing to do with them. As a soldier, in Uzbekistan, I fought against these groups. I took an oath, I swore, as a soldier, that I would fight against these groups. I took an oath.

The detainee admits attending IMU terrorist training camps.

Detainee: No, I never did that, not in Afghanistan, not in Tajikistan. My training, I got that in the Uzbek national army, during my military service. That's the law, in Uzbekistan.

In Afghanistan, the detainee was housed in a sanctuary of the Libyan Islamic Fighting Group (LIFG).

En Afghanistan, le détenu a été abrité dans un sanctuaire du Groupe islamique combattant libyen (GICL).

Détenu : Non. Des Arabes, j'en ai vus ici, à Cuba, mais je n'en avais jamais vus auparavant. À 25 ans, avant d'arriver ici, avant qu'on m'amène ici, je n'avais jamais croisé d'Arabes de ma vie.

Le Groupe islamique combattant libyen figure dans le Guide de référence des organisations terroristes du Département de la Sécurité Intérieure des États-Unis.

Détenu : C'est ici que j'ai entendu parler de ce groupe. Mon Représentant Personnel m'en a parlé il y a deux jours. Avant, je ne savais pas que ça existait, le Groupe islamique combattant libyen.

Le Groupe islamique combattant libyen, organisation terroriste notoire, a des contacts avec le marché noir et semble avoir fourni des documents de voyage à Al-Qaïda.

Détenu : De quel groupe parlez-vous ? C'est vous qui venez de le mentionner. Je ne sais pas de quoi vous voulez parler.

Le détenu a participé à des opérations militaires contre les États-Unis et ses partenaires de coalition.
Le détenu a décidé en toute conscience de se battre pour les Talibans.

Détenu : Ce n'est pas vrai. Je n'ai jamais pris cette décision. Je n'ai jamais soutenu les Talibans et je suis contre leurs règles et leurs lois.

Le détenu a pris part à des combats entre les Talibans et l'Alliance du Nord.

Détenu : J'ai 26 ans, et, jusqu'à maintenant, je n'ai jamais vécu la guerre. Je n'ai jamais touché un pistolet. Je n'ai jamais souffert de la guerre.

Detainee: No. Arabs, I've seen some here, in Cuba, but I had never seen any before. At the age of 25, before coming here, before they brought me here, I had never met an Arab in my life.

The Libyan Islamic Fighting Group is included in the Reference Guide to Terrorist Organizations of the United States Department of Homeland Security.

Detainee: This is where I heard about this group. My Personal Representative told me about it two days ago. Before then, I didn't even know this existed, the Libyan Islamic Fighting Group.

The Libyan Islamic Fighting Group, a notorious terrorist organization, has contacts with the black market and seems to have provided travel documents to Al Qaeda.

Detainee: What group are you talking about? It's you who only just now mentioned it. I don't know what you're trying to say.

The detainee participated in military operations against the United States and its coalition partners.

The prisoner made a conscious decision to fight for the Taliban.

Detainee: That is not true. I never made that decision. I never supported the Taliban and I am against their rules and their laws.

The detainee participated in fighting between the Taliban and the Northern Alliance.

Detainee: I am 26 years old, and up to now, I have never experienced war. I have never touched a gun. I have never suffered from war.

XXV

Détenu *[s'adressant au Président du Tribunal]* : Elle est juge, elle ? Vous êtes juge, vous ?

Président du Tribunal : Non, je suis Officier de Tribunal Militaire. Ceci n'est pas une cour.

Détenu *[désignant le greffier]* : J'ai une question à poser à ce Major . . .

Président du Tribunal : Vous présenterez toutes vos questions aux membres de ce Tribunal.

Détenu *[les yeux encore fixés sur le greffier]* : Ça va.

Président du Tribunal : C'est à nous que cette question doit s'adresser.

Détenu : Cette jeune femme, avec ses cinq ou six accusations, j'aimerais vous demander, où est-ce qu'elle a déniché ces informations-là ? Est-ce qu'elle détient la moindre preuve ?

Président du Tribunal : C'est le gouvernement qui présente ces informations au Tribunal.

Détenu : Si c'était vrai, s'il y a avait la moindre preuve, ça se verrait. Qu'est-ce qu'elle a dit, que j'ai passé près d'un an et sept mois en Afghanistan ? J'ai une femme, j'ai une mère, j'ai deux enfants à nourrir, et vous, vous prétendez que j'ai fait tout ça, que j'ai soutenu tous ces groupes, que j'ai collaboré. Mais qui aurait le temps de faire tout ça ? Qui aurait le temps de nourrir sa famille et aussi de se battre ? Je dois travailler, pour nourrir ma famille. C'est drôle,

XXV

Detainee [addressing the President of the Tribunal]:
She's the judge, her? You're the judge, you?

President of the Tribunal: No, I'm Officer of the
Military Tribunal. This is not a court.

Detainee [indicating the clerk]: I have a question for
the Major . . .

President of the Tribunal: You will present all your
questions to the members of the Tribunal.

Detainee [eyes still fixed on the clerk]: Okay.

President of the Tribunal: You should be addressing
this question to us.

Detainee: This young woman, with her five or six
charges, I'd like to ask you, where did she dig up this
information? Does she have the slightest bit of proof?

President of the Tribunal: It is the government that
presents the information to the Tribunal.

Detainee: If it were true, if there were the least bit
of evidence, it would show. What did she say, that I
spent almost a year and seven months in Afghanistan?
I have a wife, I have a mother, I have two children
to feed, and you, you claim that I did all that, that I
supported all these groups, that I collaborated. But
who has time to do all that? Who would have the time
to feed his family and also to fight? I have to work,
to feed my family. It's funny, what you say, because
if the least bit of it were true, one might believe it.

ce que vous dites, parce que si la moindre chose était vraie, on pourrait y croire. Je ne sais toujours pas d'où vous tenez ces informations. Comment aurais-je pu partager mon temps ? Travailler pour nourrir ma famille et, en même temps, recevoir un entraînement militaire et terroriste pour faire la guerre. C'est impossible. Je n'ai pas choisi d'aller en Afghanistan, je n'en ai pas la responsabilité, je savais que c'était horrible, l'Afghanistan. Le temps que j'y ai passé, j'ai vendu et acheté des moutons et des poules pour nourrir ma famille. Je ne suis pas coupable d'être venu en Afghanistan. Le gouvernement ouzbèk nous a menti. C'est lui le responsable, qui nous a chassés d'Ouzbékistan et envoyés en Afghanistan. Nous avons été contraints et forcés.

I still don't know where you got your information. How could I divide my time? Work to feed my family and, at the same time, receive military and terrorist training for war. It's impossible. I didn't choose to go to Afghanistan, I am not responsible, I knew it was horrible, Afghanistan. The time that I spent there, I bought and sold sheep and chickens to feed my family. I am not guilty of going to Afghanistan. The Uzbek government lied to us. They're the ones to blame, for driving us out of Uzbekistan and sending us to Afghanistan. We were under duress.

XXVI

Question : Que faisiez-vous en Afghanistan ?

Réponse : En Afghanistan, j'achetais et vendais des moutons, des poules et des chèvres. À Sheberghan, dans les régions de Meymaneh et d'Aqchan. C'est là que j'ai fait mon travail de négociant. Je suis aussi allé à Mazar-e-Sharif et à Kondoz.

Question : Viviez-vous auprès d'autres Ouzbèks ?

Réponse : Non.

Question : Avez-vous fréquenté des membres du Mouvement islamique d'Ouzbékistan (MIO) ?

Réponse : Non.

Question : En lisant votre déclaration, nous remarquons qu'une partie de votre voyage a été effectuée en hélicoptère. Y avait-il des soldats à bord de cet hélicoptère ?

Réponse : Oui, des Russes. Il y avait un général, ses gardes du corps et des soldats postés à la frontière.

Question : Pour quelle raison pensez-vous avoir été envoyé en Afghanistan ?

Réponse : On ne nous a rien dit au début. On nous a dit que le ministre des Affaires Étrangères ouzbèk avait permis notre retour au pays, qu'on ne serait pas jeté en prison, et qu'il y aurait du travail. On a pensé qu'on disait vrai. Mais au lieu de nous emmener en Ouzbékistan, on nous a emmenés en Afghanistan, on nous a trompés.

XXVI

Question: What were you doing in Afghanistan?

Answer: In Afghanistan, I bought and sold sheep, chickens, and goats. In Sheberghan, in the Meymana and Aqchan regions. This is where I did my negotiations. I also went to Mazar-e-Sharif and Kunduz.

Question: Did you live with other Uzbeks?

Answer: No.

Question: Did you often visit members of the Islamic Movement of Uzbekistan (IMU)?

Answer: No.

Question: In reading your statement, we noted that part of your trip was conducted by helicopter. Were there soldiers on board the helicopter?

Answer: Yes, some Russians. There was a general, his bodyguards, and some soldiers stationed at the border.

Question: Why do you think you were sent to Afghanistan?

Answer: No one said anything to us at first. They told us that the Uzbek Foreign Minister had permitted us to return to the country, that we would not be thrown into prison, and that there would be work. We thought they were telling the truth. But instead of taking us to Uzbekistan, they took us to Afghanistan, they deceived us.

Question: Were you forced to go in the helicopter?

Question : Avez-vous été forcé de monter dans l'hélicoptère ?

Réponse : Oui. Là-bas, on n'avait pas le droit de se plaindre. C'était comme un désert. À la frontière, c'est le désert. Il y avait un bâtiment militaire, et des soldats russes. On n'avait pas le choix, des soldats nous auraient tués si on s'était plaint.

Question : L'Ouzbékistan, c'est un pays musulman ?

Réponse : Oui.

Question : Comment décririez-vous le gouvernement ouzbèk ?

Réponse : Avant, l'Ouzbékistan était sous contrôle russe. Après la chute du gouvernement communiste, l'Ouzbékistan est devenu un pays autonome. Maintenant, c'est un pays indépendant.

Question : Nous essayons de comprendre pourquoi vous prétendez que votre frère a été emprisonné pour s'être laissé pousser la barbe et s'être rendu à la mosquée. Pourquoi l'emprisonner pour de tels motifs ?

Réponse : À l'époque, je faisais mon service militaire. Je ne savais rien. Mon cousin est venu nous voir. Quand il m'a dit que mon frère avait été emprisonné, on l'avait déjà libéré. Mon frère a passé une semaine en prison. On l'a interrogé, puis libéré. Le gouvernement lui a demandé pourquoi il s'était laissé pousser la barbe et allait à la mosquée. On l'a un peu puni, puis laissé partir.

Question : Le gouvernement n'aime pas les musulmans ?

Réponse : Il y a vingt-quatre millions de musulmans en Ouzbékistan.

Question : Vous avez dit être allé au Tadjikistan. Vous avez quitté l'Ouzbékistan pour vous rendre au Tadjikistan ?

Réponse : Je n'ai pas quitté l'Ouzbékistan. J'ai accompagné mon frère au Tadjikistan et comme j'ai perdu mon passeport, je n'ai pas pu rentrer chez moi.

Answer: Yes. There, we did not have the right to complain. It was like a desert. At the border, it is the desert. There was a military facility, and some Russian soldiers. We had no choice, the soldiers would have killed us if we had complained.

Question: Uzbekistan is a Muslim country?

Answer: Yes.

Question: How would you describe the Uzbek government?

Answer: Before, Uzbekistan was under Russian control. After the fall of the Communist government, Uzbekistan became an autonomous country. Now, it's an independent country.

Question: We are trying to understand why you claim that your brother was imprisoned for letting his beard grow and going to the mosque. Why imprison him on these grounds?

Answer: At the time, I was doing my military service. I knew nothing. My cousin came to see us. By the time he told me that my brother had been imprisoned, he had already been released. My brother spent a week in jail. He was questioned, then released. The government asked him why he had grown a beard and gone to the mosque. They punished him a little, then let him leave.

Question: The government does not like Muslims?

Answer: There are twenty-four million Muslims in Uzbekistan.

Question: You said you went to Tajikistan. You left Uzbekistan to go to Tajikistan?

Answer: I did not leave Uzbekistan. I went with my brother to Tajikistan and since I lost my passport, I couldn't go home.

Question: Why didn't you have your passport replaced at the Uzbek embassy?

Answer: Well, actually, where we were, there was no embassy. It was very difficult to contact them to get a passport. In general, they don't deliver them to anyone.

Question : Pourquoi n'avez-vous pas fait remplacer votre passeport à l'ambassade ouzbèque ?

Réponse : Eh bien, en fait, là où on était, il n'y avait pas d'ambassade. C'était très difficile de la contacter pour obtenir un passeport. En général, on n'en délivre à personne. Au Tadjikistan, tout est cerné par les montagnes, les villes comme les provinces. Je n'ai pas pu aller à l'ambassade pour faire remplacer mon passeport. J'ai passé près de quatre mois au Tadjikistan, à l'hôpital des Nations Unies. Sans passeport, et à l'hôpital, on ne peut pas voyager, même au Tadjikistan. Je voulais rentrer en Ouzbékistan, mais je n'ai pas pu, sans passeport.

Question : Très bien. D'après ce que nous lisons, quelqu'un, un agent du gouvernement ouzbèk, vous a fait comprendre que vous pouviez retourner en Ouzbékistan, c'est bien ça ?

Réponse : C'est ça. C'est ce qu'on disait à la radio, à la télé, et c'est ce qu'a dit le Président d'Ouzbékistan à tous les réfugiés. Il a invité tous les réfugiés ouzbèks à revenir, parce qu'on ne pouvait pas passer la frontière sans passeport. Il nous a promis qu'on n'irait pas en prison et qu'il y aurait du travail.

Question : Mais quand vous avez essayé de revenir, le gouvernement ouzbèk vous a jetés en Afghanistan ?

Réponse : C'est le gouvernement tadjik qui nous a envoyés en Afghanistan. Voilà ce qui s'est passé. Au Tadjikistan, quelqu'un, un homme du gouvernement tadjik, est venu nous dire qu'Abdul Aziz Kamilov, le ministre des Affaires Étrangères ouzbèk, avait promis que si on revenait dans notre pays, on ne serait pas mis en prison. Cet homme-là nous a menti, et on l'a cru.

Question : Pourquoi supposez-vous que le Tadjikistan voulait vous envoyer en Afghanistan plutôt que chez vous ?

Réponse : C'est un vrai casse-tête. Je ne sais toujours pas pourquoi on nous a fait ça, et je ne sais toujours pas

In Tajikistan, everything is surrounded by mountains, cities as well as provinces. I couldn't go to the embassy to replace my passport. I spent nearly four months in Tajikistan, at the United Nations hospital. Without a passport, and in the hospital, you can't travel, even in Tajikistan. I wanted to return to Uzbekistan, but I couldn't, not without a passport.

Question: All right. From what we read, someone, an agent of the Uzbek government, led you to believe you could return to Uzbekistan, is that right?

Answer: That's right. That's what they said on the radio, on TV, and that's what the President of Uzbekistan said to all refugees. He invited all Uzbek refugees to come back, because we could not cross the border without a passport. He promised us that we would not go to prison and that there would be work.

Question: But when you tried to return, the Uzbek government threw you into Afghanistan?

Answer: It was the Tajik government that sent us to Afghanistan. That's what happened. In Tajikistan, someone, a man from the Tajik government, told us that Abdulaziz Kamilov, the Uzbek Minister of Foreign Affairs, had promised that if we went back to our country, we would not be put in prison. This man lied to us, and we believed him.

Question: Why do you suppose that Tajikistan wanted to send you to Afghanistan rather than back home?

Answer: That's really a puzzle. I still don't know why they did this to us, and I still don't know why we were told that we would return back home. Instead, we were sent to Afghanistan. It bothers me a lot, too.

Question: Where did they abandon you in Afghanistan?

Answer: In the desert, on the other side of the border. There were no houses, there was nothing. I don't know the name of this region.

pourquoi on nous a dit qu'on reviendrait chez nous. Au lieu de ça, on nous a envoyés en Afghanistan. Ça me trouble beaucoup moi aussi.

Question : Où vous ont-ils abandonnés, en Afghanistan ?

Réponse : Dans le désert, de l'autre côté de la frontière. Il n'y avait pas de maisons, il n'y avait rien. Je ne connais pas le nom de cette région.

Question : Arrivé en Afghanistan, avez-vous essayé de retourner en Ouzbékistan ?

Réponse : Par deux fois.

Question : Que s'est-il alors passé ?

Réponse : À Sheberghan, j'ai demandé aux Ouzbèks Afghans s'il y aurait un moyen pour moi de rentrer. On m'a dit que le seul moyen, c'était de passer par le Turkménistan, mais qu'il fallait un passeport pour y pénétrer. Je n'en avais pas et, puisque je suis Ouzbèk, je n'ai pas pu obtenir de passeport afghan. Impossible également d'obtenir un passeport turkmène. Je suis donc resté coincé là.

Question: After arriving in Afghanistan, did you try to return to Uzbekistan?

Answer: Twice.

Question: What happened then?

Answer: In Sheberghan, I asked the Uzbeki Afghans if there would be a way for me to get back. I was told that the only way was to go through Turkmenistan, but that I would need a passport to enter. I didn't have one, and since I'm Uzbek, I couldn't get an Afghan passport. It's also impossible to get a Turkmen passport. So I stayed there.

XXVII

L'interrogateur dit qu'on ne comprend pas pourquoi on a quitté l'Ouzbékistan.

L'interrogé répond que son frère, O., a quatre ans de plus que lui. Qu'il était chez lui, avec son frère, dans son village de Manangegan, quand O. l'a appelé. Qu'il lui a demandé ce qu'il devenait et s'il s'était marié. Qu'il a dit non. Qu'il venait de finir son service militaire et qu'il pensait au mariage. Qu'il lui a demandé de le retrouver à Tachkent, la capitale de l'Ouzbékistan. Qu'il y avait un grand bazar, le « Marché Mondial », qu'il lui a demandé de l'y retrouver. Qu'il lui a dit qu'il lui donnerait de quoi se marier et s'acheter une voiture s'il venait. Six cent dollars, c'est ce qu'il lui proposait.

L'interrogateur demande si on est donc allé à Tachkent, et ce qu'il s'est passé.

L'interrogé répond que, à Tachkent, il lui a été dit qu'on irait vendre des marchandises au Tadjikistan pour y faire de l'argent. Que les gardes tadjiks ont de très bonnes pommes. Qu'on leur achèterait des pommes pour les revendre ensuite en Russie. Arrivés au Tadjikistan, le frère lui a dit qu'il avait des associés à voir, et c'est là qu'il a perdu son passeport. Il ne sait pas si c'est son frère qui lui a pris, ou si quelqu'un d'autre le lui a volé : un matin, il s'est réveillé sans pouvoir le trouver, ni sa carte d'identité militaire, ni même sa carte d'identité nationale, rien.

XXVII

The interrogator says that they do not understand why the interrogated left Uzbekistan.

The interrogated answers that his brother, O, is four years older than him. That he was at home, with his brother, in his village of Manangegan, when O called him. That he asked him what he was doing and whether he was married. That he said no. That he had just finished his military service and that he was thinking of marrying. That he asked him to meet him in Tashkent, the capital of Uzbekistan. That there was a big bazaar, the "Global Market," that he asked him to meet him there. That he told him that he would give him enough to get married and to buy a car if he came. Six hundred dollars, that's what he offered him.

The interrogator asks if he went to Tashkent, then, and what happened.

The interrogated answers that, in Tashkent, he was told they would sell goods in Tajikistan to make some money. That the Tajik guards had very good apples. That they would buy their apples for resale in Russia. After they arrived in Tajikistan, his brother told him that he had to see some associates, and that's where he lost his passport. He does not know if his brother took it, or if someone else stole it: one morning, he woke up and couldn't find it, or his military ID card, or even his national identity card, nothing.

L'interrogateur demande si on a tout perdu.

L'interrogé répond que oui, que tout a été dérobé durant cette nuit-là. Que s'il avait eu encore un de ces documents en sa possession, il aurait pu rentrer en Ouzbékistan, mais qu'on lui avait tout pris.

L'interrogateur demande comment est-on entré en Afghanistan sans passeport.

L'interrogé répond que leur voyage était organisé par le gouvernement Tadjik. Qu'il y avait un bus, qu'on leur a demandé de monter dedans. Qu'on leur a fait confiance, qu'on ne savait pas qu'on allait les envoyer là-bas.

L'interrogateur demande si, arrivés à la frontière, personne n'a arrêté le bus pour contrôler les passeports.

L'interrogé répond que, en vérité, le gouvernement tadjik était bien content de se débarrasser d'eux, des réfugiés affamés. Qu'ils ont essayé de nettoyer leur pays. Qu'il y avait des policiers qui étaient tous satisfaits de les voir partir. Qu'ils étaient si contents qu'on aille en Afghanistan qu'ils ont été très gentils et nous ont nourris.

L'interrogateur dit que l'on ne répond pas à la question, et demande pourquoi l'Afghanistan aurait accepté de laisser l'interrogé entrer sans passeport ou carte d'identité.

L'interrogé répond qu'en Afghanistan, le gouvernement ne contrôle pas les frontières. Qu'il n'y a personne, là-bas, que c'est désert. Qu'il n'y a ni arbres, ni âmes qui vivent, ni maisons. Qu'il n'y avait pas un oiseau, rien.

L'interrogateur demande si on a bien déclaré être arrivé en Afghanistan en 1999.

L'interrogé répond en novembre.

L'interrogateur demande : Novembre 1999 ?

L'interrogé répond : À peu près.

L'interrogateur dit d'accord. Demande si alors on y était depuis deux ans, quand on a été capturé ?

The interrogator asks if he has lost everything.

The interrogated answers that yes, everything was stolen during the night. That if he still had one of those documents in his possession, he could have returned to Uzbekistan, but they had taken everything.

The interrogator asks how he entered Afghanistan without a passport.

The interrogated answers that their trip was organized by the Tajik government. That there was a bus, that they were asked to climb inside. That we trusted them, that we did not know we were going to be sent there.

The interrogator asks if, when he arrived at the border, anyone stopped the bus to check passports.

The interrogated answers that, truthfully, the Tajik government was glad to get rid of them, some starving refugees. That they were trying to clean up their country. That there were police officers who were happy to see them go. That they were so happy that we were going to Afghanistan that they were very nice and fed us.

The interrogator says that he is not answering the question, and asks why Afghanistan would allow the interrogated to enter without a passport or identity card.

The interrogated answers that in Afghanistan, the government does not control the borders. That there's nobody out there, that it's deserted. There are no trees, no living souls, no houses. There isn't a single bird, nothing.

The interrogator asks if he in fact stated that he arrived in Afghanistan in 1999.

The interrogated answers, in November.

The interrogator asks: November 1999?

The interrogated answers: More or less.

The interrogator says, okay. Then asks if he was there for two years when we were captured?

L'interrogé répond : Non, un an et sept mois. À peu près.

L'interrogateur demande quand a-t-on été capturé.

L'interrogé répond : En 2001. Qu'on n'en est pas sûr.

L'interrogateur demande s'il faisait froid ou chaud, si c'était l'été ou le printemps.

L'interrogateur répond que c'était en octobre, le 25 octobre.

L'interrogateur demande où a-t-on été capturé.

L'interrogé répond qu'on a été livré aux Américains sur la Base Aérienne de Baghram.

L'interrogateur demande, si on était à Baghram, où a-t-on été capturé, exactement.

L'interrogé répond que personne ne nous a capturé. Qu'on s'est rendu volontairement à Baghram. Qu'il y avait un soldat, A. Que ces gens-là nous ont amené à Baghram.

L'interrogateur demande pourquoi.

L'interrogé répond que ces gens-là nous ont dit qu'ils nous amèneraient au général Fahim. Qu'on nous a dit qu'un nouveau gouvernement venait d'être nommé en Afghanistan, le gouvernement Karzaï. Que puisqu'on était des immigrants, on nous délivrerait une nouvelle carte d'identité. Qu'ils nous ont dit qu'ils allaient nous emmener à Kaboul, ou pas loin. Qu'une fois arrivés à Baghram, on nous a dit où on était, et demandé de descendre de voiture. Que c'est là qu'on a été confronté à des soldats américains. Qu'ils nous ont fait entrer, qu'ils nous ont interrogés, et qu'ils nous ont emprisonnés quelques jours. Qu'on n'a pas été libéré depuis.

L'interrogateur dit que l'interrogé a indiqué avoir été à l'hôpital.

L'interrogateur demande ce que l'on faisait à l'hôpital.

L'interrogé répond qu'on avait une maladie du foie, l'hépatite C. Qu'on a l'hépatite C.

[Le détenu répond à cette question en bon anglais.]

The interrogated answers: No, one year and seven months. More or less.

The interrogator asks when he was captured.

The interrogated answers: In 2001. That he is not sure.

The interrogator asks if it was cold or hot, if it was summer or spring.

The interrogator answers that it was in October, the 25th.

The interrogator asks where he was captured.

The interrogated answers that he was handed over to the Americans at Bagram Air Base.

The interrogator asks, if he was in Bagram, where was he captured, exactly.

The interrogated says that nobody captured us. That he went voluntarily to Bagram. That there was a soldier, A. That these people brought us to Bagram.

The interrogator asks why.

The interrogated answers that these people told us they would bring us to General Fahim. That we were told that a new government had been appointed in Afghanistan, the Karzai government. That since we were immigrants, they would give us a new identity card. They said they would bring us to Kabul, or not far away. That once we got to Bagram, we were told where we were, and asked to get out of the car. That's where we were confronted by American soldiers. That they made us enter, that they interrogated us, and that they locked us up for a few days. That he has not been free since.

The interrogator says the interrogated indicated he was in the hospital.

The interrogator asks what he was doing in the hospital.

The interrogated answers he has a liver disease, Hepatitis C. That he has Hepatitis C.

[The detainee answers this question in good English.]

XXVIII

Président du Tribunal : Vous parlez anglais ?

Détenu : Oui.

Président du Tribunal : Un petit peu ?

Détenu : À cause de la maladie, j'ai été hospitalisé par les Nations Unies au Tadjikistan.

Question : Est-ce que les combats avaient déjà commencé quand vous vous êtes rendu ?

Réponse : Il n'y avait plus de combats, tous les combats étaient déjà finis. Le gouvernement Karzaï avait déjà été formé, le gouvernement venait juste de changer.

Question : Les bombardements américains dans la région de Kaboul n'avaient pas encore commencé ?

Réponse : C'était fini aussi, tout était déjà sous contrôle américain.

Question : Vous avez indiqué, en répondant aux allégations du « Procès-Verbal Non Classifié », que vous vous battiez contre le MIO. Pourquoi vous battiez-vous contre eux ?

Réponse : Je ne me battais pas, je faisais mon service militaire dans l'armée ouzbèque. Dans mon pays, quand on est soldat, on prête le serment de servir son armée, de servir son pays et son gouvernement. J'ai fait partie de l'armée qui luttait contre le MIO. J'étais posté à la frontière de l'Afghanistan, je protégeais les frontières. On avait des commandants qui nous

XXVIII

President of the Tribunal: You speak English?

Detainee: Yes.

President of the Tribunal: A little bit?

Detainee: Because of my illness, I was hospitalized by the United Nations in Tajikistan.

Question: Had the fighting already begun when you surrendered?

Answer: There was no more fighting, the fighting had already finished. The Karzai government had already been formed, the government had just changed.

Question: The American bombing in the Kabul region had not yet begun?

Answer: It was also over, everything was already under American control.

Question: You have indicated, in your response to allegations in the "Unclassified Verbal Charges," that you were fighting against the IMU. Why were you fighting against them?

Answer: I was not fighting, I was doing my military service in the Uzbek Army. In my country, when one is a soldier, one takes an oath to serve his army, to serve his country and his government. I was part of the army that fought against the IMU. I was stationed at the border of Afghanistan, I protected the border. We had commanders who told us about the IMU. They told us that this organization might attack us, and that, as

149

parlaient du MIO. Ils nous ont dit que cette organisation allait peut-être nous attaquer, et que, comme soldats, notre travail était de protéger les frontières. J'ai fait mon travail, j'ai passé près de six mois à la frontière afghane. Après, j'ai été transféré à Tachkent où j'ai travaillé dans un aéroport, dans un aéroport civil.

Président du Tribunal : Je n'ai plus de questions, quelqu'un voudrait interroger le détenu ?

Détenu : Il y a une question à laquelle vous n'avez pas répondu. Une fois de plus, j'aimerais savoir d'où le greffier tire ses accusations. Elles sont fausses.

Président du Tribunal : C'est le gouvernement qui a fourni ces informations au greffier, et le greffier les présente pour le gouvernement. Nous ne savons pas exactement d'où elles proviennent pour le moment. Souvenez-vous, le greffier a indiqué qu'elle avait des informations classifiées à présenter. Il nous incombe de considérer les informations, les commentaires et les déclarations que vous fournissez tout autant que ce que nous présente le gouvernement.

Détenu : Je suis une petite personne. Bien entendu, c'est votre travail, et c'est vous qui décidez. Mais je pense à ces cinq ou six allégations. Si la moindre d'entre elles était crédible, ça serait moins bizarre. Mais elles sont toutes si fausses ! Personne n'a le temps de nourrir sa famille tout en faisant ce que vous m'accusez d'avoir fait !

soldiers, our job was to protect the borders. I did my job, I spent nearly six months at the Afghan border. Afterwards, I was transferred to Tashkent where I worked at an airport, at a civilian airport.

President of the Tribunal: I have no further questions; would someone else like to interrogate the detainee?

Detainee: There is a question that you have not answered. Once again, I would like to know where the clerk has gotten these accusations. They are false.

President of the Tribunal: It's the government who provided the information to the clerk, and the clerk presented it on behalf of the government. We do not know exactly where it came from at the moment. Remember, the clerk indicated she had classified information to present. It is incumbent on us to consider the information, the comments, and statements you provide as much as what the government presents.

Detainee: I am an insignificant person. Of course, it's your job, and it's up to you to decide. But I am thinking about these five or six allegations. If any of them were credible, it would be less bizarre. But they are all so wrong! No one has time to feed his family while doing what you accuse me of doing!

XXIX

Le Président du Tribunal confirme que le détenu n'a pas d'autre témoin ou élément de preuve à présenter au Tribunal. Le détenu pose une question concernant la procédure.

Détenu : Où allez-vous m'envoyer, exactement ?

Président du Tribunal : L'Ouzbékistan, c'est bien votre pays ?

Détenu : Mais ma mère, ma femme et mes deux enfants ne sont pas en Ouzbékistan. Ils sont ailleurs.

Président du Tribunal : Où ça ?

Détenu : En Arabie Saoudite.

Président du Tribunal : Très bien, nous allons le noter. Ce n'est pas nous qui décidons où il va falloir que vous alliez, mais nous allons le noter. Si nous vous comprenons bien, vous demandez à être envoyé en Arabie Saoudite ?

Détenu : Non, je ne veux pas aller en Arabie Saoudite.

Président du Tribunal : Où voulez-vous aller ?

Détenu : Je voudrais aller aux États-Unis. Me rendre aux États-Unis, c'est ce que je souhaiterais le plus au monde. Et si les États-Unis ne m'acceptent pas, alors je voudrais rentrer chez moi, en Ouzbékistan.

Le Président du Tribunal explique la suite des procédures au détenu et ajourne la séance.

XXIX

The President of the Tribunal confirms that the detainee has no other witnesses or evidence to present to the Tribunal. The detainee asks a question about procedure.

Detainee: Where will you send me, exactly?

President of the Tribunal: Uzbekistan, that is your country?

Detainee: But my mother, my wife, and my two children are not in Uzbekistan. They're somewhere else.

President of the Tribunal: Where's that?

Detainee: In Saudi Arabia.

President of the Tribunal: Very well, we'll make a note of it. We don't decide where you will need to go, but we will make a note of it. If we understand you correctly, you are asking to be sent to Saudi Arabia?

Detainee: No, I do not want to go to Saudi Arabia.

President of the Tribunal: Where do you want to go?

Detainee: I would like to go to the United States. To go to the United States, this is what I wish for most in the world. And if the United States doesn't accept me, then I would like to go home, to Uzbekistan.

The President of the Tribunal explains the remaining procedures to the detainee and adjourns the session.

TRANSLATOR'S NOTE

Is this who we are?

   -Barack Obama, May 23, 2013, calling for the shutting down of the
   Guantanamo detention center during a speech at the National
   Defense University.

Walter Benjamin's question, "Is translation meant for readers who do not
understand the original?" presumes, as most translations assume, an original.
To translate *Guantanamo* is to translate with no original, for there is no
linguistic origin. When I began my consideration of this project, Frank
Smith provided me with copies of the interrogation transcripts that he had
worked with, first by translating the Pentagon documents from English to
French, next by performing a Reznikoffian poetic interpolation to the text.
I decided not to look at them. After all, the interviews they chronicled were
also not conducted in English, or, more accurately, half of each interview
may have been stated in English, but even in its English articulation, was
already in translation because of its context. A tribunal is a trial. To say
something in a trial is to say something at trial, which says something of
trial itself. Note that to say nothing at trial is no less a speech act, just as the
fact of real time courtroom interpretation lets everyone know the language
law of the land, just as each letter is its destination as it is written and in the
writing. I also understood *Guantanamo* concerns in part the question of the
infidel and infidelity. This was useful in considering the thorny problem of

Smith's use of the third person neutral pronoun *on*, for which there is no satisfying English equivalent. Of the series of usual substitutes — *you, we, he, she, they, one* — none were sufficiently close yet impersonal, particular yet universal, i.e., inclusionary yet exculpatory or vice versa. All pronouns, as you know, are relational, or, as the old joke goes, "What do you mean *we*, kemosabe?" So I thought to shift these relations commensurate with their possible alliances, linguistic and otherwise. For the language lesson of Guantanamo is there is no point of origin, no fidelity to any event that can be counted by calendar or clock, because the text event as such is the only event which counts. Put another way, the only person telling the truth is *on*. Of course, having said all this, it should be noted that as the doubled text here suggests, there is now an original for *Guantanamo*, and once there is an original, at least hypothetically, there is the possibility of recapture and redemption. Just as in sin.

Vanessa Place
Los Angeles
December 2013

ACKNOWLEDGEMENTS

The author would like to thank President Barack Obama, without whom this book would not be possible.

BIOGRAPHIES

FRANK SMITH is a French journalist, nonfiction writer, and author of multiple books of poetry including the recent collections *Guantanamo* (Seuil, Coll. 2010), *États de faits* (l'Attente Editions, 2013), and *Gaza, d'ici-là* (Al Dante Editions, 2013). He has worked as a producer for France Culture since 1999 where, after collaborating to create the programs *Surpris par la nuit* and *Surpris par la poésie* with Alain Veinstein, he codirected *l'Atelier de création radiophonique* for ten years. He also heads the book/CD collection "ZagZig" that he founded with Dis Voir, a publishing house, and contributes to *L'Impossible/L'autre journal* (led by Michel Butel).

VANESSA PLACE was the first poet to perform as part of the Whitney Biennial; a content advisory was posted. Place is also a conceptual artist, a critic, a criminal defense attorney, and CEO of VanessaPlace Inc, the world's first poetry corporation.

MARK SANDERS is Professor of Comparative Literature at New York University. He is author of *Complicities: The Intellectual and Apartheid*, *Ambiguities of Witnessing: Law and Literature in the Time of a Truth Commission*, and *Gayatri Chakravorty Spivak: Live Theory*.